Domenico Luciani

Pensare e decidersi da cristiani

Domenico Luciani

Pensare e decidersi da cristiani

La scala della lectio guidati dallo Spirito

Edizioni Sant'Antonio

Imprint

Cover image: Fornito dall'autore

Publisher:
Edizioni Accademiche Italiane
is a trademark of
International Book Market Service Ltd., member of OmniScriptum Publishing Group
17 Meldrum Street, Beau Bassin 71504, Mauritius

Printed at: see last page
ISBN: 978-613-8-39124-1

A mia madre,
con immensa gratitudine
e lode
al Maestro interiore

Voi avete l'Unzione, ricevuta dal Santo,
ed essa rimane in voi.
Non avete bisogno che alcuno sia vostro maestro:
la sua Unzione vi insegna ogni cosa.
1 Gv 2, 20

Prefazione

“Chiedi allo Spirito Santo” , “invoca lo Spirito Santo”: era una specie di mantra che mia madre, per tutto il tempo della mia infanzia e fino alla mia età adulta non mi ha risparmiato, soprattutto nei momenti di difficoltà a capire o ad assolvere ai miei compiti. Molto tardi compresi quanto sconfinata fosse la sua fiducia nella Persona divina e quanto preziosa la sua lezione per me. Per un debito così grande con lei, questa è una specie di redditio tardiva.

Nel mio ministero, da giovane prete, mi prese una sorta di febbre, per capire sempre meglio la vita nello Spirito e lo studio della pratica dei doni. Soprattutto la celebrazione della Confermazione con i ragazzi, ogni anno era per me un trauma vero, una provocazione, nel costatare che i ragazzi cui consegnavamo la missione, nonostante gli sforzi ed il protrarsi dell’età del conferimento, si “licenziavano” dalla pratica dei sacramenti, e conseguentemente dalla vita comunitaria.

Pensai che fosse mio compito che almeno sapessimo un po’ meglio come rendere fruttuosi questi doni dello Spirito. Per quanto il termine “operazionalizzare” sia estraneo al linguaggio spirituale, non mi sembra che un altro possa rendere l’idea di quanto intendo con metodo o percorso. Per quanto, negli anni del seminario, di formazione né direttori spirituali né docenti di teologia, ci avessero fatto sperimentare una pratica, per arrivare ai “frutti dello Spirito”. Ho pensato che in tempo dovessimo proporre ai cresimandi un metodo, un percorso che potesse produrre in loro l’attitudine ad un modo di pensare e decidersi da cristiani seri, cristiani “diversi” rispetto a quelli affidati unicamente alle devozioni e pratiche della “devotio moderna” anche se rimodernata da nuove suggestioni.

Sono certo che lo Spirito in noi, sostanziale Presenza divina trova le sue strade, ma perché non facilitare il Suo compito di conformarci a Gesù?

Non si tratta di una scommessa da poco, dal momento che capire nell’oggi la volontà di Dio con la guida del Maestro interiore, è il segreto della nostra santificazione.

Senza pretese mi sono dedicato da artigiano a sperimentare la lectio divina nella pastorale ordinaria delle comunità e ho potuto costatare gli effetti su tanti fratelli che ho accompagnato in questo cammino.

Questo metodo rimane il più adatto a raddrizzare alcune deviazioni rispetto alla Tradizione. Secondo queste deviazioni, la preghiera sembra essere, per la gran parte dei devoti, una ripetizione di orazioni. L'orazione più o meno meccanica e ripetitiva, può aiutare la preghiera, ma l'orazione non può esaurire o ridurre la preghiera cristiana. Come ogni relazione interpersonale, la preghiera è fatta di attesa e preparazione, ascolto, attento e riflessivo, espressione all'altro; è presenza anche silenziosa; è condivisione e presa di decisioni comuni. Altra deviazione è considerare la preghiera opera dell'uomo. In questo modo si cade nella presunzione di merito. La preghiera in realtà ci possiede e occupa il centro del nostro essere dal momento del Dono dello Spirito in noi. Ancora: si pensa solitamente la preghiera una delle attività o dei doveri di religione tra altri. Si cade così in una sorta di schizofrenia per la quale il presunto orante compie il suo dovere della pratica religiosa e magari devozionale e sa staccare molto bene l'orazione dalle sue cose mondane, secolari.

Il metodo che suggerisco mi pare sia quello che inizia dalla domanda: "Signore cosa vuoi che io faccia?" o, se preferite, dall'invocazione: "sia fatta la tua Volontà". Questo modo di procedere nella preghiera sembra sia il più adeguato a far sintesi tra fede professata e vita vissuta.

Non ultima ragione valida di questo modo di procedere è che sembra essere coerente attuazione di quanto Gesù profetizzava alla Samaritana: "vero culto in Spirito e Verità".

Rispetto e fiducia al Maestro interiore, attenzione e abbandono alla Volontà di Dio, nell'accoglienza piena della Parola sempre di più nella vita ordinaria personale e comunitaria, muovono questa ricerca.

ITINERARIO DELLA LECTIO DIVINA

COME VIA AL DISCERNIMENTO COMUNITARIO

Premesse

L'intenzione di queste pagine è quella di individuare un percorso per la costante ricerca della conoscenza della volontà di Dio, nella vita personale e comunitaria.

L'ambito o luogo ed il soggetto ideale è la parrocchia che vuole trovare cammini di conversione e rinnovamento necessari ad una nuova evangelizzazione fino all'implantatio ecclesiae conseguente. In essa la persona del credente può consolidare la propria appartenenza battesimale a Cristo e consentire alla grazia la trasfigurazione di tutta la propria esistenza in Lui.

È necessaria l'assunzione della S. Scrittura come mappa e criterio per ritrovare la direzione ed il verso di un cammino costante di conversione e crescita dietro quella Santa Volontà in cui solo c'è pace. Le energie o risorse indispensabili per il cammino, sono nel corredo comune di doni dati dallo Spirito. Gli indicatori di verifica continua sono i frutti dello Spirito, come segnalatori di vicinanza alla mèta, di crescita e trasformazione. Tutto questo ci pare essenziale da tenere presente come sfondo, perciò lo abbiamo premesso.

L'intento sarà quello di rendere plausibile e convincente un percorso che, per l'esperienza che ne ho, è validissimo, coerente e congruo. In maniera ancora descrittiva, vuole essere l'indicazione di una strada che tenga conto delle più recenti indicazioni della Chiesa, conforme alla sua bimillenaria Tradizione spirituale.

Tale metodo l'abbiamo individuato nella lectio divina. La sua "segnaletica" molto ben leggibile ci consentirà, passo dopo passo, di utilizzare i doni dello Spirito. La pratica della lectio comunitaria ci costringerà, senza sforzo, a far emergere e valorizzare, oltre al patrimonio comune, anche i doni o carismi particolari per l'edificazione di tutti. Non abbiamo scelto noi, in maniera arbitraria, questa via ordinaria già percorsa dalla Chiesa, oggi riproposta con insistenza. Sembra essere una pista ben segnata, nella foresta di altri metodi e spiritualità particolari e carismatiche, perché da tutti condivisibile. Ci pare oltremodo praticabile nei momenti abituali di comunità ordinarie.

Un vantaggio della lectio su qualunque altro percorso è quello che, per il Concilio, in particolare nella sua Costituzione Dei Verbum, è certamente la strada maestra per un rinnovamento spirituale della Chiesa e questo "perché il tesoro della rivelazione riempia sempre più il cuore degli uomini"[1]. Oltre ad essere nella più collaudata e feconda tradizione della comunità credente, questo metodo ancora così attuale, nell'insegnamento della Chiesa, consente di evitare quegli usi distorti delle Scritture che, proprio nella tensione al discernimento, sono più ricorrenti e praticati: l'integrismo e il fondamentalismo. In questo metodo si promuove l'unità profonda tra la Parola e la vita, tra la vita personale e quella comunitaria.

Per tutti questi motivi sembra essere il percorso più idoneo ed adeguato al raggiungimento di un discernimento spirituale ed ecclesiale sicuro.

Negli ultimi trent'anni, grazie al Concilio e al Magistero successivo, il metodo della lectio divina è stato illustrato e ripresentato in numerosissimi trattati e saggi divulgativi di carattere spirituale. Quasi nulla si trova sul suo valore per la comunità nel suo insieme, nel suo valore pastorale. In essi quasi sempre viene affrontato l'argomento finalizzandolo alla lettura personale e orante delle Scritture; poche volte si è riflettuto sulla lectio comunitaria, che pure è presente in sempre più numerose comunità oggi. Se lo facciamo qui di seguito non è per ripetere quanto già scritto. Il tentativo consiste nell'evidenziare il rapporto stretto che sembra esserci tra i momenti di una lectio comunitaria e una "operazionizzazione" virtuosa dei doni dello Spirito, finalizzati al discernimento pastorale comunitario. Nel descrivere i momenti, per arrivare con la lectio al discernimento comunitario, terremo, tappa per tappa, presenti le istanze di metodo appena accennate: una Comunità, in clima di preghiera nello Spirito, legge le Scritture

[1] Concilio Vaticano II, Dei Verbum, 26.

tutta tesa ad interpretare la volontà di Dio nella sua missione oggi e qui.

La "scala" della lectio, nella tradizione ininterrotta della Chiesa, ci viene consegnata con differenti gradini o momenti. Guico II il Certosino ne individua quattro fondamentali. In altre descrizioni del medesimo itinerario che deve portare la Scrittura a farsi Parola viva ed efficace dentro una comunità orante è possibile ravvisare, però, altri momenti. Alla lectio, meditatio, oratio, contemplatio del Certosino si premette la statio iniziale che ricompone l'individuo e la comunità, le sue facoltà e la sua vita dispersa davanti alla Presenza e prepara all'ascolto attento che merita, e si fa seguire la discretio e la deliberatio che fanno della sintesi delle personali illuminazioni sulla Volontà una decisione operativa e ferma che conduce all'actio o operatio che sia una comunitaria risposta alla Volontà divina.

1. FERMARSI CON DESIDERIO D'AMORE

Occorre esercitare il dono del timore di Dio con la pratica della statio, per raccogliersi, con desiderio di amore, intorno alla Volontà di Dio

Considerando il paradigma dell'iniziazione, giova ripetersi che il livello minimo, per intraprendere il cammino della lectio e avviare il discernimento comunitario è la fede come dono accolto. L'evangelizzato ha accolto il vangelo, con gioia ed entusiasmo e, per questo, ha un'intuizione vaga che può assumere, come criterio di giudizio, nelle concrete scelte della vita personale e comunitaria. Tale accoglienza è frutto maturo dell'evangelizzazione avvenuta e riuscita ed è anche l'unica cosa necessaria per procedere oltre. Il vangelo è la chiave d'ingresso nelle Scritture, nella vita nuova e nella Comunità.

È solo Gesù, l'Agnello ritto sul Trono (immolato, risorto, vivente e Signore) degno e "capace di aprire i sigilli" del libro che Gli è posto davanti. Si tratta della Scrittura, ma anche della storia personale e comunitaria. È la croce assunta come segno glorioso di salvezza che permette di entrare nella comunità dei credenti, prima come catecumeni, poi come battezzati, in maniera più matura.

Chi ha aderito a Gesù come salvezza è invitato a partecipare alla vita di coloro che si sentono salvati. Nella comunità, per quelli che si fanno "uditori della Parola", risuona in continuazione quel vangelo ascoltato e accolto nell'annuncio. Il momento più ordinario e nello stesso tempo più solenne di questa proclamazione è l'Eucarestia domenicale. Nell'evento della pasqua settimanale che si celebra nel memoriale, con la ricchezza di una "lettura sinagogale", il vangelo viene proposto, corredato da chiavi di lettura vetero e neotestamentarie. Il credente viene continuamente stimolato a leggere ed ascoltare le Scritture nella comunità. In essa e dentro la sua vita le Scritture diventano Parola viva che raduna, purifica, sostiene e consola. È l'entusiasmo dell'annuncio della salvezza e la gioia conseguente al sentirsi salvati che sostiene il primo sforzo del credente "neofita".

Tuttavia le Scritture sono difficili da comprendere da sole. I fratelli nella Comunità non sono un riflesso limpido della Luce e la loro voce non è sempre chiara eco della Parola. La crisi, dunque, arriva inevitabilmente ed è la prima “pasqua”, per il credente nella comunità. Tale crisi, cui ne seguiranno altre, va superata nella certezza che le Scritture non fanno che ripetere, nell’anticipazione graduale e sempre più chiara, verso la realizzazione, quella pienezza del Mistero rivelato in Gesù e di seguito sviluppano, illustrano, attualizzano il mistero rendendolo fecondo dentro la vita dei credenti e delle comunità. Sono parola di Dio per il riferimento a Gesù che si è cominciato ad amare ed in riferimento alla Vita nella quale, grazie a Lui, si è cominciato a sperare. La difficoltà dell’applicazione e della perseveranza, nella frequentazione della Scrittura e le contraddizioni e le incoerenze della comunità, scoraggiano chi è “neofita”.

Perché la convinzione sulla potenza creatrice della Parola possa divenire esperienza si oppone la fretta, l’ansia, la superficialità indotta dai ritmi odierni del vissuto quotidiano. Questi ritmi concitati della civiltà della velocità e del rumore si riflettono nell’interiorità. L’ansia induce ad una preghiera che non concede spazi all’ascolto, al lasciarsi parlare, al lasciarsi plasmare, nella passività della disponibilità allo Spirito. In queste condizioni, la preghiera non è comunicazione del credente con il Dio personale che gli Si svela come altro da lui e gli propone l’ex-stasi. Non potrà essere comunicazione dei figli col Padre, l’incontro della sposa con lo Sposo, dell’anima con lo Spirito. Non è preghiera cristiana. È solo un “moltiplicare vane parole”, nella richiesta ansiosa di esaudimento chiuso dentro i propri bisogni, i propri desideri, la propria prospettiva, i propri precostituiti progetti. Eppure la nostra presenza è di fronte ad un Padre il quale “sa ciò di cui abbiamo bisogno ancor prima che glielo chiediamo”. È Lui il “giusto Tu” della nostra preghiera: un Padre che non lascia mancare nulla ai suoi figli[2] e dà "solo cose buone"[3] .

Impedimenti e remore

Purtroppo l’impedimento primo per un’autentica preghiera cristiana è la presunzione di saperci più accorti e saggi di Chi ci ama come un Padre “Cui è piaciuto darci il regno”[4].

---

[2] Lc. 12, 22-32.

[3] Lc. 11,13

[4] Lc. 12, 32.

Siamo sempre noi che prendiamo l'iniziativa ed è Dio che deve fare ciò che noi chiediamo e crediamo giusto e buono per noi. Sarà Dio che deve subire i nostri piagnucolosi lamenti e le nostre pretenziose richieste. Ci muoviamo dentro l'orizzonte chiuso della religione. Anche quando siamo nel ringraziamento, rischiamo di non superare questo livello molto superficiale, in cui comunichiamo non con il "Padre Nostro", ma con noi stessi e con i nostri vuoti fantasmi religiosi. Ci muoviamo, soddisfatti o no, sempre dentro un provvidenzialismo che reclama o ringrazia di cose da avere o avute. Siamo certi che la tal cosa o fatto che ci ha procurato soddisfazione, secondo le nostre aspettative, sia secondo la volontà del Padre? Si rischia molto, nella preghiera, di rimanere avviluppati in noi stessi, senza mai nascere e crescere veramente "dall'alto" e, se si vuole, dal profondo. Allora la nostra preghiera potrà essere religiosa, ma non credente, non cristiana!

È certo che il Padre nella sua bontà accoglie anche questa preghiera, ma quanto è bambina, fino a questo stadio! L'egocentrismo infantile non è una colpa, ma la fissazione in tale stadio può essere grave responsabilità per l'educatore che non è capace di promuovere una preghiera adulta e responsoriale, a partire chiaramente dall'ascolto della Volontà. Questo infantilismo nella preghiera petulante non è da confondere con l'infanzia spirituale, punto d'arrivo di un abbandono volontario e totale che è il suo opposto. Tale abbandono fiducioso è frutto d'un combattimento duro, per far tacere le nostre voglie e i nostri progetti, di fronte a quella Volontà nella quale solo "è nostra pace".

È solo facendo tacere un poco il nostro io, nel profondo vuoto di noi stessi, che lo Spirito può parlare sospirando e suggerire all'anima "con gemiti inesprimibili", ma udibili "ciò che è giusto domandare". È solo nell'intimità che si fa accoglienza e disponibilità che lo Sposo può palare alla Sposa come Soffio del Verbo, e può fecondarla di novità di vita. È solo quando l'io pretenzioso "adulto" tace, con le sue richieste arroganti e si fa volontariamente incontro al Padre, "come bimbo svezzato in braccio a sua madre" (Salmo 130), che riceve la Sua sapienza come dono più grande, la sola ricchezza che "non si macchia, non si corrompe e non marcisce" e può assicurargli ogni altro bene, molto più di quanto attualmente desideri autonomamente.

L'unico modo per comunicare alla perenne novità, per il credente e per la comunità, è sapersi calare nel silenzio e nell'interiorità comunicando con Chi è "interior intimo". Essere "fuori" di noi stessi ci impedisce di comunicare con Chi ha scelto di essere dentro, per condividere tutto. Il silenzio carico di ascolto e d'accoglienza è ciò che meglio esprime il primato di Dio. Questo primato s'instaura nella vita, a partire dalla preghiera.

Silenzio e solitudine

Due sono le precondizioni per un vero discernimento: la solitudine ed il silenzio. Queste due condizioni sono quelle che animano la statio. In essa la solitudine tende al silenzio, il silenzio tende all'ascolto. Non si tratta di ritrarsi dal mondo delle ansie, delle incertezze, degli impegni, delle gioie e delle speranze. Si tratta di portarsele dietro, per metterle davanti a Lui. Ristare soli davanti al Signore, non è una solitudine vuota.

Inizialmente l'io prepotente ed invasivo dovrà placare i suoi fantasmi, dominare i desideri. Potrà farlo solo esprimendoli a quella silenziosa Presenza che abita, prima che la mia preghiera, già la mia interiorità. Per ospitarlo, prendendosene cura, non basta far tacere il quotidiano continuo vaniloquio. Occorre farlo entrare "nella stanza al piano superiore", dove viviamo la nostra quotidiana esistenza, farlo accomodare e trattenersi con Lui. Il mondo dell'informazione multimediale, planetaria-tempo reale provoca il succedersi rapido delle emozioni forti che ci invadono o che addirittura andiamo ricercando, e quella vischiosa colla dei sentimenti contrastanti che le emozioni provocano sono il corrispettivo o risonanza interna dei rumori che la nostra società riesce a produrre in eccesso, come mai prima. Emozioni e sentimenti sono i peggiori nemici del silenzio come condizione non solo esteriore, ma più di tutto interiore. La comunicazione di Dio a noi vuole essere una comunicazione profonda, ha bisogno di parlarci a "Tu per tu". Solo nel silenzio è udibile la Sua voce. Non fa violenza e non s'impone, come ogni vero amante.

Come fare a far tacere le voci e i rumori interiori? È sembrato sempre necessario dare la precedenza ad un iniziale breve "sfogo" delle compressioni e compulsioni interne. Occorrerà dire, parlare ancora, ma questa volta nella direzione ove noi supponiamo che sia l'Interlocutore divino, trattiamo per un istante più o meno breve con Lui delle nostre cose, dal momento che a Lui interessano, sentiamoci rifare anche noi la domanda: "di che state discutendo tra voi lungo il cammino?"[5]. Il mondo interno concitato comincia ad uscir fuori, si elaborano, per un tempo più o meno breve, in modo più ordinato sentimenti ed emozioni. Ma poi finalmente disponiamoci all'ascolto, pretendiamo delle risposte, instauriamo una comunicazione biunivoca, interpersonale dunque vera. Sperimentiamo che "Il silenzio davanti a Te, Signore, è già lode". Il sacrificio della lode deve iniziare proprio da questa silenziosa disponibilità all'ascolto. "Il silenzio è il modo di realizzare la solitudine. I padri del deserto elogiavano il silenzio come via sicura per giungere a Dio: 'mi sono pentito spesso di aver parlato - diceva Arsenio - ma mai di aver taciuto. il silenzio è una disciplina indispensabile nella vita spirituale. Il silenzio è la solitudine tradotta in azione'."[6]. Sta per esprimersi il Padre nella sua Parola. Questo silenzio accogliente da cui dovrà nascere la profezia è già profezia "eloquente" per il mondo loquace, vanesio e rumoroso in cui siamo immersi.

Inizialmente, nel nostro itinerario per il discernimento, il silenzio e la solitudine di cui esso è condizione, è lo spazio dato allo Spirito perché, soffiando dal Padre, faccia udire la sua Parola in noi. Più avanti lo stesso silenzio dovrà accompagnare l'esprimersi, nella comunità, della Trinità in noi, diviene la condizione dell'eco udibile, della testimonianza data ai fratelli. "Il silenzio è l'ambiente naturale della parola. Il silenzio dà forza e fecondità alla parola. Le parole hanno lo scopo di svelare il mistero del silenzio dal quale esse provengono. La Parola è scaturita dal silenzio eterno di Dio ed è di questa Parola nata dal silenzio che noi vogliamo essere testimoni"[7].

Questa disciplina del silenzio, del vuoto, dell'accoglienza cui abbiamo solo accennato sembra coincidere molto con quella ignaziana indifferenza, condizione previa di ogni discernimento. La disponibilità alla Volontà inizia dall'adesione previa all'ascolto profondo, a far tacere tutto quanto dentro di noi si agita. Madre Teresa di Calcutta

---

[5] Lc. 24, 17.

[6] H. Nouwen, La via del cuore, Queriniana, 2003, p. 50.

[7] Ibidem, p. 56.

s'esprimeva a proposito così: "Comincio sempre la mia preghiera in silenzio, perché è nel silenzio del cuore che Dio parla". Sembra un'espressione banale nella sua semplicità, ma quanto rivela del segreto di tanta misteriosa fecondità delle opere da lei avviate!

Di fronte alle pure legittime aspirazioni di riuscita, di efficacia, di successo e di gratificazione, prima d'ogni altro calcolo o considerazione, occorre aderire solo alla Volontà del Padre che motiva e sostiene tutto il nostro progettare ed agire.

Il Modello da praticare e contemplare

Il modello supremo di questa libertà totale per una altrettanto totale disponibilità al Padre è Gesù. Di fronte alla mia presunzione di saper opportunamente dirigere, secondo naturale prudenza, le mie azioni personali e pastorali, mi domando se non fosse legittimo per Gesù, dopo una giornata e soprattutto dopo una serata come quella di Cafarnao, passata prima nella sinagoga poi nella casa di Pietro, a guarire, a predicare[8], raccogliere maggiori consensi, consolidare il lavoro fatto? A chi lo invita a farlo Egli risponde: "Bisogna che io annunzi il regno di Dio anche alle altre città; per questo sono stato mandato"[9]. Non sarebbe stato giusto abbandonarsi allo sfogo più che legittimo e comprensibile di fronte alla cattura e al martirio di Giovanni Battista, l'amico che dà la vita per la testimonianza di Lui[10]? In sintonia perfetta con i sentimenti del Padre, invece, "Egli, sceso dalla barca, vide una grande folla e sentì compassione per loro e guarì i loro malati."[11]. Non sarebbe stato legittimo godersi il plauso delle folle, dopo le moltiplicazioni dei pani? "Ma Gesù, sapendo che stavano per venire a prenderlo per farlo re, si ritirò di nuovo sulla montagna, tutto solo"[12] . Non sarebbe stato un bel successo lasciar che i demoni fuggendo riconoscessero la Sua identità divina ad ogni esorcismo? Egli non consente, si sottrae! E tutto questo perché l'unica passione che Lo anima è la Volontà del Padre!

---

[8] Mc. 1, 21-39.

[9] Lc. 4, 43.

[10] Mt. 14, 13.

[11] Mt. 14, 14.

[12] Gv. 6, 1-15.

Più che il proprio successo, il proprio sentire, il plauso e l'affermazione di sé, quello che Lo anima è il compimento di ciò che il Padre s'aspetta da Lui. È il Padre il riferimento del Suo agire e di più del Suo essere. Meglio ritirarsi con Lui, in disparte, a render conto, a chiedere consiglio, per non correre il rischio di andar lontano dalla Sua volontà. Si attua perfettamente in Gesù uomo quello che Isaia annuncia dell'Unto "Si compiacerà del timore del Signore"[13]. Tale disponibilità totale alla Volontà lo rende estremamente, sovranamente libero di fronte alla Sua stessa sorte. Come già s'è percepito all'inizio della sua missione a Nazareth[14], sa affrontare le situazioni contrarie, per il compimento della missione affidatagli, anche di fronte al pericolo di morte conclamato ed incombente, come quando ". si avvicinarono alcuni farisei a dirgli: Parti e vattene via di qui, perché Erode ti vuole uccidere"[15] oppure, nel momento in cui riceve la notizia della morte di Lazzaro e decide di tornare in Giudea nonostante le rimostranze dei discepoli, preoccupati per se stessi e per Lui, perché da poco hanno tentato di lapidarLo e Lo cercano per ucciderLo[16]. Come dice, suo unico programma è: "non faccio nulla da me stesso, ma come mi ha insegnato il Padre, così io parlo. io faccio sempre le cose che gli sono gradite"[17] "le cose che io dico le dico come il Padre le ha dette a me"[18] fare quanto ha visto fare [19]dal Padre e "mio cibo è fare la volontà di Colui che mi ha mandato e compiere la sua opera.". Quanti programmi pastorali abbiamo giocato, con decisioni scommesse tutte sul consolidamento prudente dei risultati, sull'opportunità del "battere il ferro finché caldo" o sul "giusto riconoscimento dei meriti", tranquilli per aver lavorato onestamente nella vigna del Signore tutte le volte che ottenevamo un certo successo numerico?! Gesù non la pensava esattamente così! Perché non chiedere direttamente al Padrone divino della messe e della vigna, quale sia l'atteggiamento a Lui più gradito, in

[13] Is. 11, 3.

[14] Lc. 4, 14-30.

[15] Lc. 13, 31.

[16] Gv. 11, 9-16.

[17] Gv. 8, 27-29.

[18] Gv. 12, 50.

[19] Gv. 4, 34.

ordine alla vigna, che ama fino alla gelosia, al campo che è Suo? Perché pascere il gregge di Dio con i criteri della prudenza umana, sulla base dei luoghi comuni del calcolo e delle opportunità, secondo ciò che noi riteniamo giusto? Dovremmo avere, soprattutto in questioni gravi di bene comune, nella conduzione della famiglia, della politica, della pastorale il santo timor di Dio che ci fa considerare ciò che a Lui piace, molto più di ciò che agli altri è gradito, più di ciò che ottiene consensi ed è per noi gratificante. Perdere la rotta nel dirigere la nostra vita o la vita della comunità è un rischio grave. È il rischio della nostra vita, perché può allontanarci insensibilmente e farci perdere definitivamente il gusto delle cose di Dio, di Dio stesso, unico e vero bene.

Per Gesù, "le cose del Padre" Suo erano l'unico motivo del Suo esserci, la ragione per cui era venuto presso la sua gente: faceva e diceva solo le cose che aveva "visto fare dal Padre". L'affermazione del primato del Padre e della Sua volontà purificava costantemente, rendendola più tersa e trasparente, ogni azione ed intenzione, ogni gesto o parola. Tale vigilanza e signoria era costantemente rivolta a prevenire e scongiurare equivoci e fraintendimenti causati dal peccato e le sottili e fuorvianti logiche dell'interesse, del piacere, della vanagloria e del potere. Santità altro non è, nella logica della Scrittura, che questa integrità intorno alla Volontà. Il discernimento cristiano, dietro il Maestro, non si rivolge a considerare ciò che sembra ed è legittimo e naturalmente ragionevole, ma ciò che è più efficace e opportuno per il Regno e questo solo per amore della Volontà, per il conseguimento della Volontà. Questa vigilanza di Gesù verso l'esterno, in noi assume, per sua grazia, un significato di purificazione dal nostro peccato personale e comunitario. Questo disordine condiziona i giudizi e le intenzioni, durante tutto il processo interpretativo della Volontà del Padre. Tale processo di discernimento, come quello della lectio, è generato da un sacro timore di perdere la possibilità di crescere secondo il Padre, di perdere occasioni per il suo Regno. È dettato dal timore di indurire il cuore. "La condizione indispensabile del discernimento da arte del cuore è la sua preservazione dall'indurimento, espressione con la quale si allude all'opera enigmatica del peccato nelle profondità segrete dell'io personale. Il cuore dell'uomo infatti può cadere prigioniero di una brama cieca di auto-affermazione, che lo spinge a ripiegarsi egoisticamente su di sé e che ne spegne ogni slancio d'amore. Esso diviene allora impenetrabile alla rivelazione del Dio trinitario, che dell'amore è la fonte costante. Quando ciò avviene, anche gli occhi non sanno più vedere. Quel che si vede e si ascolta non viene inteso, il segreto del regno di Dio si trasforma in enigma"[20]. L'adesione alla Volontà, il primato di questa nella nostra vita deve essere sempre ed intenzionalmente rinnovato. L'obbedienza finale richiede, prima del discernimento, un abbandono liberante a quello che Dio vuole. È un lavorio paziente, a livello interiore, che ci può assicurare solo l'approssimazione a questo ideale di sintonia con la Volontà; possiamo aspirare ad avere questa adesione perfetta solo come tensione, più che come risultato acquisito.

Nella Comunità orante

Troveremo, con grande difficoltà, dei fratelli nella comunità che non aspirano ad altro, nella partecipazione e nel consiglio, che ad esprimere a realizzare la Volontà, nella comunità e nelle sue scelte. Gente che abbia vinto simpatie e antipatie, rancori e pregiudizi, interessi e ferite, per aderire immediatamente libera a Dio, è rara. È estremamente difficile trovare subito in noi stessi tali disposizioni e non siamo mai fuori pericolo. Non possiamo presumerlo dei fratelli né di noi stessi. Se siamo onesti, noi sappiamo che dobbiamo vigilare su noi stessi. Quest'opera di purificazione lenta da volontà di affermazione, gelosie, invidie, rivalità, interessi personali e di parte è un lavoro permanente. Saremmo presuntuosi o disperati, se pretendessimo tutto questo distacco e questa libertà, come punto di partenza. Le durezze e gli insuccessi non ci devono far desistere da un'opera continua di riconciliazione nei rapporti e di purificazione delle intenzioni.

Non possiamo lasciare nulla di intentato cercando alibi oppure non avviare un lavoro paziente su noi stessi, e aiutare altri a fare altrettanto, come disponibilità all'azione dello Spirito. In quanto peccati contro lo Spirito, presunzione e disperazione, nella vita personale, come in quella pastorale, sono due peccati estremi ed "imperdonabili", perché immobilizzano il dinamismo dello Spirito in noi e nella comunità. Penso a chi facendo la scoperta di trovarsi tra peccatori pensasse naturale, per questo, non costituire consigli,

---

[20] AA.VV., L'attitudine al discernimento, p. 56, Ancora, 1998.

corpi ministeriali, gruppi di discernimento di alcun tipo, arrogandosi di conseguenza il diritto di discernere da solo! Innanzitutto peccherebbe di presunzione, per quanto lo riguarda personalmente, come se egli fosse puro, esente da interessi, da situazioni interiori che ne inquinano il giudizio. In secondo luogo peccherebbe di disperazione, per quanto riguarda i fratelli che gli sono affidati. Quando potrà crescere la comunità, se non si ha il coraggio di scommettere sulla grazia? Non si tratta di confidare negli uomini, ma nello Spirito e nella Sua potenza che può operare in noi. Occorre far convinti di questo, fin dall'inizio, con fermezza e carità, anche i fratelli che abbiamo chiamati, che il Signore ci affida, perché entrino, con noi, in una dinamica spirituale, in una vigile tensione alla purificazione. Quando, come vediamo nella Scrittura, vogliamo che lo Spirito si esprima o ci si aspetta un segno o un'illuminazione occorre disporsi come Elia nel deserto[21], entrare anche nella notte come Giacobbe[22], come Ester rendersi solidale con la speranza del popolo destinato alla morte e digiunare con lui[23], essere come Giuseppe arresi, nella dimensione del sogno[24], intraprendere un digiuno[25].

---

[21] In I Re, 19, 1-7: Elia, dopo il grande segno del monte Carmelo, rimane disorientato, è gettato nella più grande delusione, dal momento che deve constatare che a nulla è valso il suo sforzo, il suo rischio di fronte alla resistenza e all'ostinazione di Gezabele che lo cerca per ucciderlo. La reazione è quella dell'uomo che ha provato tutto, s'è visto approvato da Dio nella sua preghiera, ma non raggiunge lo scopo. È, nel momento della vittoria, uno sconfitto. È certo che Dio ascolta Elia, ma c'è da domandarsi se finora Elia ha conosciuto Dio, se lo ascolta davvero... solo dopo il suo deserto finalmente potrà agire non solo con la forza di Dio, ma anche con la sua logica, secondo la Sua volontà.

[22] In Gn. 28, 10-22: Giacobbe ha ottenuto con l'inganno la benedizione di Isacco suo padre, ma ora deve fuggire un sicuro destino di morte; ha strappato, con la primogenitura, tutto, ma contemporaneamente perde tutto, perfino la casa, la terra e l'affetto della madre: il prediletto è nella condizione del rigettato. Nella notte interiore e nel totale disorientamento, un sogno lo restituisce al progetto di Dio su di lui. Solo dall'alto riceve le coordinate dentro cui dovrà muovere i suoi passi affidandosi non più alla sua astuzia, ma alla preghiera, all'incontro-confronto-scontro con Dio. Dopo lungo soffrire e vagare Dio stesso lo raggiunge, di nuovo nella notte dell'angoscia, del terrore. Dopo aver strappato la benedizione di Dio, solo ora stringe il suo vero bene: il Dio della sua benedizione.

[23] In Ester 4, 15-17: La regina Ester è destabilizzata dall'improvvisa notizia della minaccia che incombe su tutto il suo popolo. Non ha mezzi propri, si affida a Dio, alla sua luce, alla sua forza. Come in passato, può ancora operare meraviglie, per quelli che ama.

[24] In Mt. 1, 18-25; 2, 13-15; 2, 19-23: Giuseppe dopo l'incontro con Maria è un "uomo giusto" e amareggiato. Non può far altro che farsi ulteriormente male: rimandare la sua amata Maria. Solo il sogno in quella notte gli pone innanzi il progetto di Dio di una portata sconvolgente, universale. Egli lo seguirà

All'inizio di ogni dinamica di discernimento dobbiamo disporci, in ogni scelta ed orientamento, a riflettere la cura, l'attenzione, l'amore di Dio Padre per i suoi figli. Questo ci chiede l'esercizio del timore di Dio che ci è dato per lo Spirito di Gesù effuso in noi, lo stesso Spirito che animò Lui in tutto il suo ministero. Convinti come siamo che il meglio è ciò che il Padre desidera per noi, dovremmo metterci, come prima cosa, di fronte a Lui in ascolto chiedendo che ci dia la libertà e la pace per distaccarci dai nostri gusti, dalle nostre preferenze ed aderire solo a Lui. Questo silenzio d'ascolto concretamente sfocia nell'epiclesi comunitaria, si fa invocazione dello Spirito dal Padre e dal Figlio. Successivamente sarà lo Spirito in noi, gemito davanti al Padre e preghiera di intercessione al Figlio, darci lo stesso assillo e la stessa passione per la Volontà e per il Regno che ha avuto Gesù.

Aderire alla croce del Signore ci apre le porte della Comunità nella quale siamo rigenerati come figli, richiede una disponibilità previa a lasciarsi portare a gestazione, come creature nuove che "morti con Cristo" hanno perso ogni sicurezza e riferimento "terreno", "carnale"; richiede ancora d'affidarsi alla grazia e attendere incessantemente l'illuminazione dall'alto.

Di fronte all'indurimento del cuore ci si rende conto dell'importanza dell'esercizio del dono spirituale del timor di Dio. La condizione necessaria della solitudine e del silenzio, che esprime disponibilità all'ascolto dello Spirito, trova la sua radice e la risorsa che l'alimenta e sostiene in questo dono dello Spirito. Prima dell'ascolto degli uomini, dei bisogni e delle situazioni, prima della conoscenza dei "dati del problema", occorre una disposizione del cuore a consonare con il cuore di Dio, per chiedere di vedere ciò che Lui vede, giudicare come Lui giudica, amare come Lui e secondo Lui, le sue creature. La disponibilità allo Spirito si traduce in disponibilità a lasciarsi purificare da

---

passo, passo affidandosi, in ogni passaggio difficile, ai cieli aperti per lui. Dio lo raggiunge continuamente nella sua impossibilità, nella sua notte. In Matteo la sua figura appare come quella di un nuovo Abramo, vero padre nella fede.

[25] In Atti 13, 1-3: La comunità di Antiochia ricca di fede e di doni ha vissuto un momento di grave disorientamento, a causa di dubbi introdotti da fuori. Ora s'interroga nel digiuno e la missione riparte, secondo la volontà di Dio, il vangelo cresce ad opera di Paolo e Barnaba.

precomprensioni ideologiche o da intenzioni del cuore traviate dal peccato.

La Chiesa ci educa, nella liturgia, a questo atteggiamento di purificazione, ogni volta che ci invita, proprio all'inizio di ogni celebrazione sacramentale, in specie nell'Eucarestia, a fare la nostra confessio vitae, con l'atto penitenziale. Sembra voler dire: prima di ogni evento di salvezza, in cui diamo, come membri della Chiesa, la voce alla Parola e la mano al Suo gesto di salvezza, mettiamoci al nostro posto, senza presumere troppo di noi e chiedendo solo di fare quello che il Signore vuole. La Chiesa ci chiede di soffermarci un istante a ritrovare la verità della nostra posizione di peccatori amati e perdonati, di fronte alla Misericordia infinita che ci viene incontro con la sua grazia. È la stessa operazione che la statio, nell'antica spiritualità della lectio, ci propone all'inizio del cammino. Il riconoscimento della nostra condizione di creature fragili e di peccatori quali siamo è previa ad ogni serio ascolto disponibile all'azione rinnovatrice dello Spirito per opera della Parola. A proposito di ciò che precede l'ascolto della Parola, salda roccia su cui si fonda l'intera vita del credente, pare descrivere così gli atteggiamenti di una statio che deve precedere la lectio, l'ascolto disponibile o lettura orante e contemplativa:

"Entriamo nella fortezza fondata su Cristo, pietra solidissima che non vacilla mai. Sforziamoci con tutto l'impegno di rimanere in essa. Si verificherà allora su di noi il detto: 'Egli ha stabilito i miei piedi sulla roccia, ha reso sicuri i miei passi' (Sal. 39 ,3). Così ben fondati e sicuri, diamoci ormai alla contemplazione per considerare cosa voglia il Signore da noi, cosa gli piaccia e cosa torni gradito ai suoi occhi. Sappiamo che 'tutti quanti manchiamo in molte cose' (Gc. 3, 2) e che il nostro sforzo malauguratamente si dirige contro il suo santo volere, invece di unirsi ed aderire ad esso. Umiliamoci perciò sotto la potente mano del Dio altissimo e cerchiamo in ogni modo di riconoscerci come realmente siamo agli occhi della sua misericordia, dicendo: 'Guariscimi, o Signore, e sarò guarito, salvami ed io sarò salvo' (Ger. 17, 14). Possiamo fare anche quest'altra preghiera: 'Pietà di me, Signore; risanami, contro di te ho peccato.' (Sal. 40, 5). Quando l'occhio del cuore si è schiarito alla luce di questa preghiera, rigettiamo l'amarezza che vuole entrare nel nostro spirito, ed apriamoci piuttosto alla grande miopia che sta nel riposare sullo Spirito di Dio. Più che la volontà di Dio, qual è in noi, contempliamo la volontà di Dio in se stessa, infatti: 'nella volontà di Dio si trova la vita' (Sal. 29, 6). Ciò che combacia con la Sua volontà è senza dubbio per noi più utile e più rispondente alle nostre esigenze.

Conserviamo con sollecitudine la vita dell'anima e, con una medesima premura, asteniamoci dal seguire vie che non si concilino con essa. Quando ormai abbiamo fatto qualche progresso nella vita spirituale sotto la guida dello Spirito Santo, che scruta anche le profondità di Dio, usciamo da noi ed entriamo in lui che è tanto buono. Preghiamo con il profeta per conoscere la sua volontà, e visitiamo non più il nostro cuore, ma il suo tempio dicendo: 'In me si abbatte l'anima mia perciò di te mi ricordo' (Sal. 41, 7).

Dobbiamo guardare noi stessi e dolerci dei nostri peccati in ordine alla salvezza. Ma dobbiamo anche guardare Dio, respirare in lui per avere la gioia e la consolazione dello Spirito Santo. Da una parte ci verrà il timore e l'umiltà, dall'altra la speranza e l'amore."[26].

Entrare, con l'epiclesi, in un clima spirituale

Isidoro di Siviglia nella sua invocazione allo Spirito Santo esprime bene tutti questi atteggiamenti che sono tipici della statio che precede la lectio.

"Siamo qui dinanzi a Te, o Spirito Santo:
sentiamo il peso delle nostre debolezze,
ma siamo tutti riuniti nel tuo nome;
vieni a noi, assistici, scendi nei nostri cuori;
insegnaci Tu ciò che dobbiamo fare.
Mostraci Tu il cammino da seguire,
compi Tu stesso quanto da noi richiedi.
Sii Tu solo a suggerire e guidare le nostre decisioni,
perché Tu solo, con Dio Padre e con il Figlio suo,

[26] San Bernardo abate, Discorsi, disc. 5 su argomenti vari, 4-5, ed. Cistercensi, 6, 1, 1970.

hai un nome santo e glorioso.
Non permettere che sia lesa da noi la giustizia
Tu che ami l'ordine e la pace,
non ci renda parziali l'umana simpatia,
non ci influenzino cariche o persone.
Tienici stretti a te con il dono della tua grazia,
perché siamo una sola cosa con Te
e in nulla ci discostiamo dalla verità.
Fa che riuniti nel tuo santo Nome
sappiamo contemperare bontà e fermezza insieme,
così da far tutto in armonia con Te, nell'attesa che per il fedele compimento del dovere, ci sia dato in futuro il premio eterno".

Umile riconoscimento del limite, del peccato e dei condizionamenti che ne provengono, fiducia solo in Dio e desiderio profondo di adesione alla Sua volontà, dovrebbero avviare, come statio iniziale, ogni autentica preghiera cristiana. Così è nell'atto penitenziale dell'Eucarestia. Solo così la preghiera potrà esprimere quella che è la sua sostanza profonda: la volontà di aderire a Lui. San Bonaventura esprime tale sostanza della preghiera con queste parole: "Distingui così le tappe, che conducono alla via dell'unione: la vigilanza ti renda attento, perché lo sposo passa rapidamente; la confidenza ti renda forte, perché egli certamente viene; il desiderio ti bruci, perché egli è dolce; il fervore ti sollevi, perché egli è sublime e ti plachi la compiacenza in lui, perché è bello; ti indichi la gioia, perché egli è pienezza d'amore; ti unisca a lui l'attaccamento perché il suo amore è potente. E possa tu sempre dire con tutto il cuore al tuo Signore: io ti cerco, io ti spero, io ti desidero, verso di te mi slancio e ti afferro, in te esulto e tutto aderisco a te"[27]. I Santi sono così concentrati in questo "far tutto in armonia" con lo Spirito che non si lasciano intimorire da considerazioni estranee a questa sola ricerca di "verità" e di "giustizia", che sanno diventare perfino audaci nel "fedele compimento del dovere". Un esempio per tutti è Santa Caterina da Siena, che per nulla influenzata "da

[27] S. Bonaventura, La triplice via, 3, 4.

cariche o persone" può rivolgersi al Papa in questi termini: "Ho inteso che avete fatto i Cardinali. Credo che sarebbe onore di Dio, e meglio per noi, che attendeste sempre di fare uomini virtuosi. Se si farà il contrario sarà grande vituperio di Dio, e guastamento della santa Chiesa. Non ci meravigliamo poi se Dio ci manda le discipline e i flagelli suoi; perocché giusta cosa è. Pregovi che facciate virilmente ciò che avete a fare e con timore di Dio". Proprio il timore di Dio, dono dello Spirito, è la motivazione unica che dà a chi lo coltiva la libertà dal "timore servile" di cui parla la stessa Caterina, quando raccomanda al Papa di saper ascoltare tutti, soprattutto chi non blandisce con elogi, ma chi sa parlare consigliando e denunciando, "con schiettezza di cuore e senza timore servile"[28].

Educarsi al discernimento personale e comunitario, significa innanzitutto esercitare il timore di Dio, dono che promuove l'adesione alla volontà di Dio come centro del desiderio del credente che comincia a conoscere, a partire dal cuore che ama (fides qua creditur). Significa educare alla preghiera vera che non cerca i beni di Dio, ma Dio come vero e sommo bene. Può essere una dura disciplina di svuotamento di sé, ma non fine a se stessa, bensì tendente solo a riempirsi di Lui. La lectio divina, se vuole raggiungere ciò che le Scritture vogliono promuovere, deve iniziare proprio col mettersi di fronte alla propria situazione presente, in umiltà e di fronte al Padre nella disponibilità, per richiedere la conformazione alla Parola, a Gesù.

È bello riscontrare come la Chiesa nella precisa disciplina del Conclave applica un metodo severo di discernimento fatto di silenzio e di digiuno, secondo la Tradizione apostolica presente nella Rivelazione. La disciplina è fatta dal silenzio del riserbo esterno, ma anche interno, nella sobrietà della consultazioni, è fatta di digiuno da altre fonti informative o di propaganda, per rendersi disponibili, vulnerabili solo alla parola di Dio, nella preghiera liturgica e negli esercizi spirituali. Volesse il cielo che questa disciplina, anche nelle cose più ordinarie del governo della Chiesa, a tutti i livelli, fosse, senza necessità di disposizioni disciplinari, il metodo virtuoso di consultazione ordinaria.

---

[28] S. Caterina, Lettere di S. Caterina, CLXXXV, Giunti- Barbera, Firenze, vol. III, p. 128.

In sintesi: la statio è il momento che prepara l'ascolto, per raccogliere le nostre facoltà intorno a Dio, con la confessione del nostro momento interiore. Facciamo tacere sentimenti, emozioni e preconcetti e rappresentiamo davanti a Lui i nostri desideri intimi, per sottomettere tutto alla Sua volontà. Quanto segue richiede come precondizioni il silenzio, il digiuno da quanto invade la nostra quotidianità. Questo momento e questa fatica suppone soprattutto l'esercizio di quella passione per Lui e la sua opera che chiamiamo timore di Dio e che abbiamo ricevuto in dono dallo Spirito.

2. LEGGERE PER ASSUMERE IL "CRITERIO"

L'esercizio del dono della scienza avviene con la lectio e lo studio delle Scritture. L'umiltà, l'apertura fiduciosa, la disponibilità all'ascolto e il desiderio di aderire alla Volontà, premesse necessarie ad ogni giudizio e ad ogni decisione, suppongono ed implicano, in certa misura, la fede (fides qua). Ma questa fede ancor più è necessaria nel momento in cui deve divenire fonte di conoscenza e criterio di giudizio, per l'interiorità e la storia. Non basterà più una prima fede fiduciale, in chi ha accolto Gesù come Signore e Salvatore, per arrivare ad un discernimento sulla Volontà del Padre. Occorre una conoscenza sempre più estesa e profonda della verità che Lo riguarda (fides quae creditur). San Paolo, a proposito della carità da esercitare tra "i santi", è incisivo ed efficace auspicando e pregando che i credenti amino e si applichino ad una carità illuminata da conoscenza e discernimento. Così s'esprime con i Filippesi: "perciò prego che la vostra carità si arricchisca sempre più in conoscenza e in ogni genere di discernimento"[29]. La carità verso Dio, Referente vero della nostra pietà (e non proiezione dei nostri desideri) richiede chiaramente questa conoscenza, ma non di meno la richiede la carità verso il prossimo. È necessaria la conoscenza di Dio come s'è espressa, fino all'incarnazione della Sua Parola sussistente che è suo Figlio e che manifesta il Suo Volto di Padre.

Per applicazione alle Scritture positivamente rivelate

Molto spesso, in contesti simili, ricorre l'espressione di Girolamo, "l'ignoranza delle Scritture è ignoranza di Cristo". I Padri della Chiesa, nella loro esperienza di fede, ebbero intuizioni sicuramente più profonde di quanto ci è dato comprendere, con immediatezza e libertà. Per il massimo dottore cristiano delle Scritture il senso di tale espressione già efficacissima al primo impatto, va ricercata più profondamente dentro l'universo spirituale e dentro il linguaggio delle stesse Scritture.

Per il mondo biblico la conoscenza della persona è intimità di amore e viene da frequentazione assidua, da ricerca inesausta del mistero che l'altro è e che, pur nel suo

[29] Fil. 1, 9.

rivelarsi all'amato, rimane inesauribile e indisponibile alla piena comprensione. La ricerca è animata da amore e umile consapevolezza dell'inanità dei mezzi e lo svelarsi è seguito da gioia profonda e da gratitudine convinta dell'eccedenza del dono, nonostante la fatica della ricerca. La scienza o conoscenza delle cose di Dio e, per quanto possibile, di Dio stesso, è prima dono dello Spirito, poi è risposta nella virtuosa ricerca di Lui. "Nessuno mai ha visto Dio", "nessuno conosce il Padre se non il Figlio e colui al quale il Figlio lo voglia rivelare". Ecco perché la scienza è vita di Gesù Figlio partecipata a noi, che abbiamo creduto, per Lui, alla Trinità d'Amore. Egli con il suo rivelarsi ci attira e la conoscenza di Lui è tutt'altro che frutto di fredda ragione raziocinante. San Anselmo esprime l'inanità della ricerca intellettuale, fuori da quella luce inaccessibile che ci è donata, e nel contempo la necessità che abbiamo della conoscenza di Lui verso cui ci porta tutto il nostro essere fatto per Lui e tutto il nostro desiderio d'amore: "che cosa farà, o altissimo Signore, questo esule che è così distante da te, ma che a te appartiene? Che cosa farà il tuo servo tormentato dall'amore per te e gettato lontano dal tuo volto? Anela a vederti e il tuo volto gli è troppo discosto. Desidera avvicinarti e la tua abitazione gli è inaccessibile. Brama trovarti e non conosce la tua dimora. S'impegna a cercarti e non conosce il tuo volto. Quando illuminerai i nostri occhi e ci mostrerai la tua faccia? Quando ti restituirai a noi? Abbi pietà delle nostre fatiche verso di te: non valiamo niente senza te. Insegnami a cercarti e mostrati quando ti cerco: non posso cercarti se tu non mi insegni, né trovarti se tu non ti mostri. Che io ti cerchi desiderandoti e ti desideri cercandoti, che io ti trovi amandoti e ti ami trovandoti"[30].

Quanto oggi nell'accezione più comune, si intende per scienza è una conoscenza frutto di analisi necrofila che troppo spesso non coglie neppure il flusso della vita. La conoscenza che fissa il divenire dei fenomeni, per descriverne le variabili analizzandole, può attingere gli "oggetti di studio" tanto più esattamente quanto questi non sono soggetti a divenire. La conoscenza interpersonale, per definizione, sfugge a questi "meccanismi", è più vera quanto più rifugge da manie di manipolazione ed è dettata invece da atteggiamento di attesa, di amore e timore.

---

[30] S. Anselmo, Proslògion.

Possibile solo per gratuità del divino farsi prossimo.

Fin dalla prima conoscenza, per annuncio, il Dio della rivelazione ebraico-cristiana si presenta come Uno che si fa prossimo ai suoi figli. Anche quando sbagliano, c'è per concedere loro continuamente la possibilità di riscatto, di crescita. È Uno che non si ritrae sdegnato. Non può farlo, perché pieno di premura per le sue creature: "Signore, Dio di pietà, compassionevole, lento all'ira e ricco d'amore, Dio fedele"[31]

In tutto questo prodursi, l'Amore Si svela, Si fa conoscere. Il passato della storia della Salvezza ci fa intendere il suo stile, i suoi atteggiamenti, le intenzioni. L'applicazione allo studio e alla riflessione sulla Rivelazione nelle Scritture è fonte della più autentica conoscenza delle cose di Dio. Questa conoscenza è necessaria ad un giudizio sulle situazioni e soprattutto a decisioni conseguenti e conformi alla Volontà, ma non si ottiene col solo studio. È essenzialmente dono spirituale. In quella intuizione piena d'amore che prova chi ha aderito all'annuncio del vangelo, c'è la motivazione che muove la ricerca successiva e la sorregge. La ricerca porta frutto e cresce in vera conoscenza, nello sforzo di applicazione alle Scritture. Solo subordinatamente al primo dono della scienza che viene dall'accoglienza dell'annuncio può crescere la conoscenza piena di amore. La ricerca è risposta e corrispondenza al dono che la previene e l'accompagna.

Se il passato, nella memoria di fede è epifania, il presente, alla luce di quella conoscenza di illuminazione, è "e-vento" e "pro-vocazione". Per il credente la storia è il luogo teologico più "frequentato" dal Mistero; l'accadimento non è mero "fatto", che vede l'uomo unico e solo protagonista né ancor meno "fato" che vede l'uomo in balia di destini e forze deterministiche, fuori del suo controllo.

Il cristiano che ha ricevuto il dono della fede e ha cominciato a credere deve continuamente lasciarsi illuminare dal mistero di Gesù. Volto vero del Padre "in lui sono nascosti tutti i tesori della sapienza e della scienza"[32]. La prima illuminazione sul Mistero dell'incarnazione, morte, risurrezione è determinante, per le successive

[31] Sal. 85, 13.

[32] Col. 2, 3.

illuminazioni. Ad essa tutte si rifanno e da essa traggono la fonte luminosa e irradiante calore: il mistero pasquale è criterio dei criteri, è misura delle successive conseguenti conoscenze. Per esprimere cosa significhi quel primo dono che è il carattere infuso della fede, basta ascoltare S. Agostino e si capisce, con quale discrezione ed insieme con quanta forza, il Signore promuove in noi da dentro quella conoscenza germinale. "Appena ti conobbi mi hai sollevato in alto perché vedessi quanto era da vedere e ciò che da solo non sarei mai stato in grado di vedere. Hai abbagliato la debolezza della mia vista, splendendo potentemente dentro di me. Tremai d'amore e di terrore… mi hai chiamato, hai gridato, hai infranto la mia sordità, mi hai abbagliato, hai folgorato, hai guarito la mia cecità"[33]. Quella conoscenza iniziale nasce da una luce che dona la vista, da un grido che ridà l'udito. È, per la conoscenza ulteriore, come il seme per l'albero; è il tutto in germe; è vista che permette conoscenza per visioni, è udito che permette di ascoltare discorsi. Ma la pienezza di conoscenza, la consapevolezza della portata, delle conseguenze nella vita personale e comunitaria è frutto di lettura, di ascolto, di ricerca, di approfondimenti, di confronti, di applicazione alla Tradizione.

E per applicazione progressiva di studio e reciproco dialogo

Attraverso la catechesi, l'omiletica, lo studio della Scrittura e della teologia, soprattutto ed in tutto questo, per i suggerimenti del Maestro interiore arriviamo alla maggiore conoscenza della Verità che già abbiamo cominciato ad amare. Per intuire quale dinamismo di amore spirituale, unitivo spinge questa conoscenza crescente e questa ricerca, ancora Agostino così prega iniziando le Confessioni: "Concedimi, Signore, di conoscere e capire se si deve prima invocarti o lodarti, prima conoscere oppure invocare. Ma come potrebbe invocarti chi non ti conosce? Per ignoranza potrebbe invocare questo per quello. Dunque ti si deve piuttosto invocare per conoscere? Ma come invocheranno colui in cui non credettero? E come credere, se prima nessuno dà l'annuncio? Loderanno il Signore coloro che lo trovano, e trovandolo lo loderanno. Che io ti cerchi, Signore, invocandoti e t'invochi credendoti, perché il tuo annuncio ci è giunto. T'invoca, Signore la mia fede che mi hai dato e ispirato mediante il tuo Figlio fatto uomo, mediante l'opera

[33] Agostino, Confessioni, CSEL, 33, 157-163.

del tuo Annunziatore"[34].

In altre parole: senza conoscenza non ci può essere amore e invocazione, ma è altrettanto vero che solo desiderando s'invoca la rivelazione dell'amato e quindi si spera in un'ulteriore conoscenza; se si desidera, si cerca, si trova e si cresce nella conoscenza e di conseguenza nell'amore. Tutto inizia dall'incontro con l'Annunziatore, il Rivelatore, il Verbo del Padre.

A questo proposito è estremamente significativo l'itinerario spirituale di Paolo nella sua conversione. L'illuminazione iniziale è accecante, deve essere seguita da una cecità riconosciuta, una confusione, per tornare finalmente a "rivedere" tutta la propria esistenza e le proprie convinzioni in merito alla Legge e alle Scritture. Lo può fare grazie al ministero di Anania, nella comunità di Damasco: "allora Anania andò, entrò nella casa, gli impose le mani e disse: Saulo, fratello mio, mi ha mandato da te il Signore Gesù che ti è apparso sulla via per la quale venivi, perché tu riacquisti la vista e sia colmo di Spirito Santo" (...) "rimase alcuni giorni insieme ai discepoli che erano a Damasco e subito dopo nelle sinagoghe proclamava Gesù Cristo Figlio di Dio (...) Saulo frattanto si rinfrancava sempre più e confondeva i Giudei residenti in Damasco"[35]. Al termine dell'istruzione del discepolo mandato dallo Spirito dirà: "quello che poteva essere per me un guadagno, l'ho considerato una perdita a motivo di Cristo. Anzi tutto ormai io reputo una perdita di fronte alla sublimità della conoscenza di Gesù Cristo, mio Signore... Perché io possa conoscere Lui, la potenza della sua risurrezione"[36].

Paolo insiste molto su questa conoscenza, perché la sua precedente situazione doveva apparirgli giustamente come uno sforzo religioso e morale, "secondo la carne", pervertito dall'ignoranza e dal peccato di presunzione. La sua conversione era stata scatenata da quelle successive illuminazioni. Dopo la prima folgorazione, egli, passando di conoscenza in conoscenza, aveva letteralmente ribaltato il suo orizzonte di coscienza. I suoi atteggiamenti fondamentali e dunque i comportamenti sempre più congrui alla

---

[34] Agostino, Confessioni, 1.1.

[35] Atti 9.

[36] Fil.3

conoscenza della grazia e ad essa conseguenti, sono tanto radicalmente mutati da poter affermare “non sono più io che vivo, ma Cristo che vive in me”. Certo che si tratta di una conoscenza d’amore, mediata da una consuetudine di frequentazione delle Scritture e dalla comunità dei fratelli di Gerusalemme, ma poi di tutte le comunità. È significativo a riguardo il saluto alla comunità di Filippi: “Infatti Dio mi è testimone del profondo affetto che ho per tutti voi nell’amore di Cristo Gesù. E perciò prego che la vostra carità si arricchisca sempre più in conoscenza ed in ogni genere di discernimento, perché possiate distinguere sempre il meglio ed essere sempre integri ed irreprensibili per il giorno di Cristo, ricolmi di quei frutti di giustizia che si ottengono per mezzo di Gesù Cristo a lode e gloria di Dio”[37].

La ricerca di ulteriore conoscenza

La ricerca della conoscenza, dopo la prima illuminazione che è dono, è frutto di amore che spinge a conoscere l’amato per consuetudine di vita. Sarà la conoscenza accresciuta poi a nutrire il giudizio conforme al volere dell’amato e a determinare le scelte e le azioni. Per Paolo la conoscenza per illuminazione, quindi per applicazione e riflessione appare centrale nella vita secondo lo Spirito e, a maggior ragione, lo è per il discernimento necessario alla carità, come abbiamo visto[38]. Secondo l'Apostolo è ancora la conoscenza delle Scritture la via maestra per l'ulteriore scienza di quella verità rivelatagli gratuitamente in Cristo ed ora da Lui appresa. Tanto raccomanda a Timoteo: "Carissimo rimani saldo in ciò che hai imparato e di cui sei convinto, sapendo da chi lo hai appreso e che fin dall'infanzia conosci le Sacre Scritture: queste possono istruirti per la salvezza, che si ottiene per mezzo della fede in Cristo Gesù. Tutta la Scrittura infatti è ispirata da Dio e utile per insegnare, convincere, correggere e formare alla giustizia, perché l'uomo di Dio sia completo e ben preparato per ogni opera buona, ti scongiuro davanti a Dio e a Cristo Gesù che verrà a giudicare i vivi e i morti, per la sua manifestazione ed il suo regno: annuncia la Parola"[39].

---

[37] Fil.1, 8-11

[38] Fil.1,9

[39] 2 Tim. 3,14-4,2

Altri eventi di illuminazione, nella prassi di Gesù, sembrano emblematici di un procedere verso quella Luce che ha aperto gli occhi inizialmente. Gesù ha un modo di procedere progressivo e dialogico: chiede la collaborazione: "vatti a lavare alla piscina di Siloe"[40] oppure come con il cieco di Betsaida opera per gradi e dialogando con l'interessato. Chiede un po' di sforzo e di applicazione a scrutare meglio: "Gli chiese vedi qualcosa? Quegli alzando gli occhi disse: vedo gli uomini, poiché vedo come alberi che camminano" e finalmente solo dopo altri interventi di Gesù "ci vide chiaramente e fu sanato e vedeva a distanza ogni cosa"[41].

L'iniziale conoscenza è dono, per la disposizione interiore dello Spirito e per la mediazione di preghiera e di evangelizzazione da parte della comunità di fede. Le successive illuminazioni sono frutto dello Spirito che apre all'accoglienza, previene con la grazia la stessa invocazione della luce e della comunità credente che consegna nelle Scritture, nella sua Tradizione, i tesori della secolare conoscenza del "Mistero nascosto alle precedenti generazioni"[42], ma finalmente richiede anche lo studio e l'attenzione del credente. Proprio per il discernimento continuo da parte della Comunità, questa conoscenza, questa scienza è un dono sempre nuovo che sorprende, mai mera ripetizione di cose da sempre conosciute, ma "...al presente rivelate", perché va aumentando nel tempo la comprensione della Rivelazione già completa con la morte dell'ultimo apostolo. L'aumentare di questo patrimonio di conoscenza, di questa scienza, dono spirituale e illuminazione è anche frutto di corrispondenza umile, nell'applicazione personale e comunitaria allo studio scritturistico, esegetico ed ermeneutico e dell'applicazione teologica. Torna a proposito qui il riferimento alla parabola dei talenti in cui non solo il dono previene l'impegno, ma lo sopravanza nel riconoscimento del merito e nella ricompensa. Tuttavia si esige la collaborazione attiva nell'investire l'iniziale conoscenza, perché divenga viva nel discernimento [43]. C'è, dunque, una circolarità virtuosa per la quale la scienza alimenta il discernimento e questo accresce la

---

[40] Gv. 9, 6.

[41] Mc. 8, 22-26.

[42] Ef. 3,5

[43] Mt. 25,14 e ss.

conoscenza. È bene ritornare su questa convinzione che la scienza di cui stiamo parlando, più di quella umana, frutto di solo ragionamento ed intuizione, richiede umiltà, quanto più la Verità con cui ci si confronta supera le possibilità di comprensione. Di questo la teologia è persuasa.

Per una dotta ignoranza

Senza arrivare alla negazione di ogni discorso positivo su Dio (s'arriverebbe a negare la stessa Rivelazione storica, positiva!), è accettabile l'assunto della teologia negativa, per la quale è molto più facile intuire e negare ciò che ripugna alla realtà di Dio come si è rivelato in Gesù che non azzardarsi a discorrere, con linguaggi filosofici e deduzioni logiche, quanto attiene alla Trascendenza. La purificazione dell'idea infantile, magica e religiosa su Dio è fondamentale per i passi successivi che conducono al discernimento sulla Volontà.

La lectio che tiene presenti i risultati dell'esame storico critico del testo della Scrittura, e la successiva scrutatio, deve tendere a tutto quest'arricchimento della scienza necessaria ad un cristiano maturo, per discernere, consigliare e decidere per sé ed in seno alla sua comunità. L'applicazione nasce dall'umiltà e fa crescere non la presunzione, ma la coscienza della povertà. L'accresciuta comprensione del testo della Scrittura fa entrare sempre di più nel mare aperto. Via, via si fa più chiara la percezione della vastità e della profondità degli abissi del-l'oceano dell'Amore divino, "le imprescrutabili ricchezze di Cristo"[44]. Si può ben dire che, quanto più è vera scienza, tanto più cresce l'umiltà di fronte al mistero rivelato e la consapevolezza dell'opacità e dell'inanità dello strumento umano e della residua ignoranza, dunque la richiesta di illuminazione, il desiderio di "lasciarsi istruire da Cristo".

Proprio una volta illuminato il credente va ripetendo a se stesso: "destati tu che dormi e Cristo ti illuminerà". Sembra paradossale: solo chi ha visto la luce, almeno in un bagliore, sa quanto pesante sia la tenebra.

[44] 1 Ef. 3,8.

Purificazione dai fantasmi della religione per il giusto Tu

La scienza è un dono fondamentale, per arrivare, con l'ascolto e lo studio delle Scritture, ad un discernimento sulla Volontà. Certamente la conoscenza dell'Autore di quella Volontà aumenterà, con l'esercizio dello stesso discernimento, ma per non ingannarsi, per non essere di fronte ad una realtà completamente differente dal Dio rivelato in Gesù, occorre almeno una iniziale, ma crescente conoscenza. Ciò che segue è l'orazione e la contemplazione sostenuta dal dono della pietà. Ora Paolo afferma che se non fosse per lo Spirito "non sapremmo neppure che cosa sia necessario domandare"[45].

La nostra ignoranza delle cose di Dio e della sua stessa Realtà è totale, non solo per il limite creaturale, ma soprattutto per l'intervento oscurante e fuorviante del peccato. Con la sola ragione arriviamo ad una certa conoscenza dell'esistenza della divinità. Inoltre ci sono superstizioni e religioni che con i loro archetipi disturbano l'immagine del Dio biblico e cristiano. È solo per una rivelazione che possiamo andare oltre la religione naturale generata dalle proiezioni umane. Il potere delle tenebre ci insidia continuamente e possiamo ricadere nell'oscurità. È qui il combattimento sostenibile solo con il dono della scienza, per una purificazione della mente e della fantasia, da proiezioni ed immagini sbagliate di Dio.

Il combattimento (soprattutto interiore!) contro le idolatrie delle religioni, delle superstizioni e delle teosofie è una lotta continua e senza quartiere, perché continua a diffondersi nei modi di dire, nei proverbi, nelle parole inadeguate e precristiane. Non basterà la prima adesione al Padre di Gesù, con il dono del suo Spirito, per liberarci dai fantasmi delle vecchie credenze stratificatesi negli "inferi" della nostra coscienza collettiva. A proposito della volontà divina, contenuto del discernimento di cui ci stiamo occupando, quei fantasmi orribili producono spaventose concezioni di arbitrio capriccioso e di fato deterministico. All'interno d'un orizzonte fatalista o provvidenzialista, è proprio l'accadimento, il fatto bruto che svela materialmente quella "volontà divina" che lo produce e dunque, senza mediazioni ed interpretazioni, svela automaticamente quanto bisogna rassegnarsi supinamente ad accettare. Nel medesimo

[45] Rm. 8, 26.

tempo, l'unico atteggiamento proponibile è una felice ignoranza.

Chi ha provato a snidare dal cuore e dalla mente degli uomini anche nel nostro tempo post-moderno queste immagini deformate degli antichi “giove”, “baal”, “molok” o “astarte” sa che è una fatica impossibile all’uomo. È prova provata che la fede è solo frutto di grazia. Anche a chi ha aderito a Gesù, come volto vero del Padre, occorrerà continuamente ricordare che la sua Volontà non è determinismo capriccioso né fato impersonale. In Gesù abbiamo conosciuto, in maniera definitiva, da parte di Dio Padre, una sola voglia e passione: la volontà di comunione con noi che si esprime in provocazioni, in proposte, in promesse, in offerte di maggiore gioia e migliore vita. Solo una più vera e profonda conoscenza biblica ed una concezione teologica conseguente, evolutiva e dinamica riuscirà a purificare i predicatori (che sarebbe meglio chiamare “imbonitori da evangelizzare”) da idee errate e mitologizzate sulla Volontà. Tali idee e fantasmi corrispondono ad un concetto di divinità più conforme alla filosofia greca e ad una metafisica ontologista che alla rivelazione storica, avvenuta in maniera sempre più pura fino a Gesù.

La rivelazione in Gesù è di tale portata che è compresa, nel corso della storia, in maniera sempre più piena, fino a quando non verrà la definitiva manifestazione dei figli di Dio. La pratica del discernimento illuminato dalla scienza biblica sulle cose rivelate ci dà la possibilità ulteriore di svelarci nel tempo, la conoscenza della volontà del Padre. Proprio la faticosa pratica del discernimento deve salvarci dalla tentazione di materializzare la volontà divina appiattendola sull’accadimento e di mitologizzare la storia sottraendola alla responsabilità degli uomini. Paradossalmente sono proprio gli eventi come la Shoah o come i Gulag del secolo da poco trascorso che ci inducono seriamente a ripensare su quell’immagine di Dio provvidenzialista o tappa-buchi ormai inaccettabile.

Di fronte a tutto ciò il fedele sarebbe colui che farebbe bene a starsene passivo e indifferente, a fruire gioioso o subire rassegnato. Comunque sarebbe oziosa la domanda sulla volontà di quel suo dio, e sul senso di ciò che accade o meglio di ciò che Egli arbitrariamente e spietatamente combina. Alla caduta così facile nell’imbecillità fatalista, di fronte all’onnipotenza capricciosa di un dio, personalizzazione del fato, l'alternativa è il discernimento.

Oltre il materialismo della Volontà intesa come fatto

L'oggetto del discernimento è l'opposto di quella concezione materialista. Mentre la volontà di dio, nella concezione religiosa e idolatrica, sta fuori dell'uomo, in ciò che accade, nella fede cristiana la volontà del Padre sta nella risposta del credente-figlio a ciò che accade ad opera di volontà umane buone o malvagie che siano. Discernere è appunto ricercare attivamente quale sia la risposta che il Dio di Gesù Cristo, compromesso con la storia, chiede a chi vuole stare dalla sua parte. Ma questo può farlo solo il credente. Proprio il credente è l'uomo più inquieto, perché sa e conosce, da parte dello Spirito con il dono della scienza, che il Dio di Gesù gli sta davanti nella persona del Padre, per chiedere a Lui di saper crescere oltre il presente.

Nel Figlio, Dio gli cammina davanti, fino alla pienezza dell'umano. Nella Persona dello Spirito, nulla gli è impossibile di quanto gli viene richiesto. La tensione di responsabilità ed il riposo in questa Trinità d'Amore gli dà una conoscenza della storia, della vita personale ed ecclesiale-comunitaria, come luogo teologico in cui La Trinità tutta lo attende, lo pro-voca, per chiedergli solo di crescere libero e responsabile. Colui che c'è nella storia, in essa, a favore dell'umanità, si esprime e chiama. È presente ed interviene non in maniera esteriore, meccanicista, non materialista né tanto meno frustrante, gelosa e concorrenziale con la libertà e la coscienza dell'uomo, ma in maniera discreta, spirituale e proattiva. La sua possibilità d'essere nella storia in modo efficace è il credente. Egli, il credente, uditore della Parola, a sua volta, nella preghiera, sta davanti alla Trinità, per domandare la sola conoscenza della Volontà, per assecondarla e farsene carico, non passivamente.

L'Onnipotenza dell'Amore è la possibilità concessa ad oltranza, di fronte agli scacchi dell'uomo. È una possibilità sempre oltre data all'uomo, per la sua crescita. Questa mi pare la prospettiva più propria ad un Padre. Dal momento che abbiamo conosciuto questo nome di Dio, questa dev'essere la Sua prospettiva nella quale siamo chiamati ad entrare per la scienza che deriva dalla fede, che è dono già effuso in noi.

Indispensabile apprendimento per pratica dei linguaggi

Credo che oggi, a coloro che, come noi, hanno attinto alla conoscenza delle Scritture tardivamente e con metodi non sempre ortodossi e rispettosi dei testi, è realmente difficile e solo parzialmente attingibile la profondità della conoscenza delle realtà che esprime. Ma si sta facendo avanti, attraverso le scienze bibliche, linguistiche e psicopedagogiche, la convinzione che la conoscenza della Scrittura vada promossa fin dalle più tenere età ai futuri credenti, come essi apprendono la lingua-madre. La Bibbia è la lingua della comunità Chiesa. La comunità continua a parlarla nella sua liturgia (è per questo che le nostre liturgie non comunicano e sono disertate sempre più?!). Prima ancora è stata la lingua di Gesù, da Lui imparata in famiglia e in sinagoga. Egli, a dodici anni, sapeva "pronunciarla" così bene che ne rimasero meravigliati i sacerdoti e gli scribi del Tempio e, più tardi, gli stessi compagni di scuola sinagogale di Nazareth.

Di quella lingua che ha espresso la Trinità nel tempo, per far crescere gli uomini e Sé-durli e innamorarli, occorre imparare l'alfabeto fatto di generi letterari, immagini-segni, visioni, similitudini, parabole e, solo in seguito, la sintassi che costruisce le sue narrazioni, per arrivare a cogliere finalmente i simboli. Solo se ogni cosa accadrà a tempo debito e secondo le fasi dello sviluppo dell'apprendimento per i bambini, i fanciulli e i ragazzi dell'iniziazione cristiana, gli adolescenti arriveranno a porsi domande di senso e a poter attingere alla Scrittura per risposte veramente congrue e comprensibili. Altrimenti è la "babele" che è oggi: ad essi "rispondiamo" molto spesso, per domande che non hanno posto, in una lingua mai insegnata loro né da loro appresa e questo perché (se vogliamo essere sinceri) molto spesso neppure noi sappiamo parlarla davvero.

Speriamo che sempre di più la catechesi d'iniziazione si avvalga delle conclusioni della ricerca e sperimentazione della catechesi-biblica-simbolica[46]. Per il momento sembra molto più concentrata nel narrare in maniera episodica e slegata racconti edificanti della

---

[46] C. e J. Lagarde, Animare un gruppo di catechesi, ElleDiCi, Torino, 2005; molti sono i titoli sulla catechesi simbolica che i due autori-coniugi hanno pubblicato negli ultimi anni. L'attenzione del loro studio è vitale per il futuro della catechesi: la comprensione della comunicazione della fede dipende dall'apprendimento del linguaggio biblico-liturgico.

Scrittura in specie del vangelo. Peccato perché il "sale" sta tutto nei nessi. ma già alla nostra generazione sembra un progresso enorme, rispetto alla catechesi dottrinale, astratta e depositaria da noi memorizzata.

Verrà, ne sono certo, un popolo nuovo che saprà tornare a parlare la "lingua madre" e dunque sarà più agevole incontrarsi e leggere senza difficoltà e comprendere più profondamente i testi e le fonti della nostra Vita.

L'esito inevitabile della conoscenza attraverso le Scritture è un atteggiamento di grande confidenza ed abbandono. "Le parole iniziali dello Shemà (Dt. 6, 4-5) presentano una dinamica per cui dall'ascolto ("ascolta Israele"), nasce la conoscenza del Signore ("il Signore è nostro Dio, il Signore è uno") che si esprime come amore ("Tu amerai il Signore tuo Dio"): è questo l'itinerario che è sempre chiamato a percorrere il lettore delle Scritture. Non si tratta di una conoscenza intellettuale o disincarnata né di un atto di possesso o fagocitazione, ma di una conoscenza per rivelazione che è concessa ai poveri, ai semplici e agli umili e che resta nascosta a dotti e intellettuali: "Ti benedico, Padre, Signore del cielo e della terra, perché hai tenute nascoste queste cose ai sapienti e agli intelligenti e le hai rivelate ai piccoli. Sì, Padre perché così è piaciuto a te. Tutto mi è stato dato dal Padre mio, nessuno conosce il Padre se non il Figlio e colui al quale il Figlio lo voglia rivelare." (Mt. 11, 25-27). Lungi dall'essere il frutto dei propri sforzi intellettuali o l'esito della propria preparazione teologica e dall'essere un puro artificio dell'uomo, questa conoscenza è dono, è carisma concesso a chi ascolta le Scritture nella fede, a chi, attraverso di esse, vede e ascolta Cristo, l'icona del Padre, a chi s'abbandona, nella fede, alla potenza della Parola di Dio e alle energie dello Spirito Santo. È conoscenza pneumatica svelata a chi ascolta la Scrittura aprendosi con la preghiera e l'epiclesi, alla ricezione dello Spirito santo che è l'Ermeneuta della Scrittura nella storia (Gv. 14, 26; 16, 12-1): infatti "La Scrittura dev'essere letta ed interpretata nello Spirito Santo mediante il quale è stata scritta" (DV 12)."[47]. Quanto più il credente cresce nella consuetudine con le Scritture, tanto più, siamo certi per esperienza, vorrà approfondirsi e iniziarsi ai metodi e alle tecniche di una lettura più scientifica che darà più profondità

[47] E. Bianchi, L'essere povero come condizione essenziale per leggere la Bibbia, n. 35, p. 4.

alla stessa conoscenza spirituale. Per una mozione dello Spirito sta crescendo nel popolo di Dio una vera passione per l'approccio sempre più diretto e scientifico alla letteratura biblica e alle sue interpretazioni. Tale conoscenza storico- letteraria, critica porterà anche ad una più fruttuosa lettura liturgica e sapienziale che nutrirà la vita spirituale dei credenti. Senza idolatrare il testo, che rimarrebbe chiuso in se stesso, occorrerà proprio attraverso la pratica della lectio divina attingere alla lettura orante, comunitaria e attualizzante, vera ermeneutica del testo.

È la liturgia stessa che ci dà i principali criteri di lettura come il confronto o scrutatio di brani che si richiamano nell'intera rivelazione, tra A.T. e N.T., come il principio pasquale vero angolo di visuale prospettico, a partire dal quale è possibile rivedere, con luce nuova, tutto e tutto trova coerenza di sviluppo, come l'atteggiamento di attesa orante che ci fa comprendere l'annuncio all'interno della comunità in preghiera come l'oggi in cui Dio si rivela e salva, per cambiare il cuore e il cammino della comunità.

Come dice Agostino dunque, la scienza di cui parliamo, nascendo dall'Amore come dono, cresce per l'amore che suscita la ricerca e produce ulteriore amore, per la migliore conoscenza dell'Amato! È il circolo virtuoso di chi intraprende il cammino del discernimento.

3. MEDITARE PER L'INTELLIGENZA DELLE SCRITTURE E DELLA VITA

Attraverso l'ascolto empatico, la meditatio porta a leggere le situazioni in profondità, con intelletto d'Amore.

È entrato nella convinzione di tutti che, per arrivare ad un'azione efficace di cambio, ad una prassi adeguata, occorre partire da una buona analisi. Un'analisi che tenga presenti i fattori in gioco o le variabili che determinano la situazione di partenza, che si vuole assumere nella sua complessità, indirizzerà gli interventi volti a migliorarla. Non si può negare la fondatezza di questa convinzione, occorre riconoscere quanto sia stata disattesa o tradita nei fatti da ideologie e impostazioni che hanno violentato la realtà stessa, per farla rientrare in schemi precostituiti. La razionalità filosofica spinta dalla tendenza a definire, più che a cogliere i flussi e i nessi che della vita sono il senso, ha sezionato le parti, staticamente definendo il cadavere del reale. La razionalità scientifica, trovandosi nella necessità di conoscere, sempre più in profondità, ha aumentato a dismisura le specializzazioni, con il rischio della parcellizzazione e frammentazione del reale. La razionalità del conoscere tecnologico, dovendo possedere i mezzi di trasformazione, ha manipolato in maniera esasperata, proprio come mezzi, parti del reale sempre più a propria disposizione, fino a dimenticare della natura del reale il tutto ed il fine. La razionalità politica volgendosi al miglioramento della qualità di vita del maggior numero di persone, muove dalla parte che può darle potere di realizzarlo e rimane dentro meccanismi di conoscenza troppo finalizzati, condizionati da tali interessi pure legittimi, ma assolutizzati, la ragione politica tende a razionalizzare scelte obbligate dalla volontà di potere.

Oggi si sa che il sapere ha bisogno dell'umiltà di ipotesi non rigide e sempre falsificabili, per procedere nella ricerca. Quanto più l'ipotesi è vicina al reale tanto più la sperimentazione che ne segue non viola, non stravolge il dato, ma lo svela, lo comprende, senza mai possederlo. Nel momento in cui l'ipotesi diviene rigida e si ideologizza, il reale viene sezionato, parcellizzato; una parte sola della complessità ed unità viene colta ed enfatizzata. Tale ipertrofia la violenta, la stravolge e la rende odiosa.

Ne va della verità, ma anche della bellezza del vero, se pure se ne conserva un'eco nella realtà manipolata. Questo modo di avvicinarsi o meglio aggredirla, con precostituiti sistemi ideologici è una vera forma di violenza logica o epistemologica che la deturpa. Purtroppo non ci si arresta a tanto, ma la prassi che ne consegue è coerente. Si può dire che questa razionalità è stata spesso patologica e necrofila, perché ha seminato morte. La "concupiscenza degli occhi" è l'esatto opposto dell'intelletto d'amore. Quella vuole avidamente possedere il bene considerato come avere, il bene ed il bello viene visto come oggetto di desiderio e attiva immediatamente l'azione di possesso. L'intelletto tende al rispetto per l'essere e nell'azione si dedica alla cura del bello, del bene e del vero visto come oggetto di contemplazione e di imitazione, in una relazione rispettosa dell'alterità che edifica l'interiorità.

Guardare con l'occhio amorevole di Dio la realtà

Riteniamo che esiste un modo preciso con cui il cristiano possa accostarsi al reale. Qualunque sia l'intento immediato che lo muove, l'amore che informa le sue azioni deve ispirargli rispetto ed empatia. Tanto più questo atteggiamento deve portare al discernimento, sapendo che il Creatore, con liberalità e discrezione, tratta tutte le sue creature:

"Poiché tu ami tutte le cose esistenti e nulla disprezzi di quanto hai creato; se avessi odiato qualcosa, non l'avresti neppure creata"[48]. "Lui che siede sui Cherubini e penetra con lo sguardo gli abissi..." [49]solo Lui conosce ciò che ha creato e la sua è una conoscenza d'Amore che penetra l'intimo, per condiscendenza e unione d'amore. Tutto da Lui esce e a Lui ritorna, come a sua definitiva patria eterna, soprattutto l'uomo di cui egli solo conosce il cuore. Per l'uomo "un baratro è l'uomo ed il suo cuore un abisso"[50]. Non solo l'uomo, per qualunque altro uomo, ma ognuno per se stesso. Non è così per Dio che conosce i pensieri ed i desideri dell'uomo. La discesa negli inferi che il Vivente risorto ha compiuto, per liberare l'uomo dalle paure e dalle schiavitù è evento

---

[48] Sap. 11, 24.

[49] Dan. 3, 55.

[50] Sal. 63, 7. ———-

metastorico, ma quel che più interessa qui è l'evento di signoria di un amore che va fino in fondo, fino alle profondità dell'amato che perfino a lui stesso sfuggono. Tale "discesa" è solo continuazione dell'evento dell'incarnazione, e avvia un processo di intimità di vita e di conoscenza per connaturalità. Significa anche che non c'è situazione umana che Gli sia distante, che non abbia penetrato, che non abbia assunto e dunque salvato e redento.

L'intelletto, dono fatto al credente che si apre ad accoglierlo, è emanazione dell'Amore increato dello Spirito Santo. Come tale partecipa all'uomo l'intenzionalità di Dio Amore. L'intuito delle cose e delle persone gli deriva essenzialmente, non da sterile curiosità indagatrice, non da "sesto senso" o "fiuto", ma da conoscenza d'amore. Questo sguardo penetrante è disinteressato, anzi interessato all'altro, in quanto tale e qual è, amato. L'intelletto che è dono dello Spirito è sottile e benefico, è penetrante, ma non per investigare, per sezionare il reale, per ucciderlo e possederlo finalmente. L'atteggiamento è informato dalla carità che lo muove, è improntato alla discrezione, al rispetto, teso solo al bene dell'altro. Per immaginare di che si tratta, penso spesso e contemplo, con meraviglia, a tal proposito, quella particolarissima capacità di ascolto che ha contraddistinto il lungo periodo dei trent'anni della vita di Nazareth da parte del Figlio di Dio, Verbo incarnato. L'ascolto degli uomini, delle situazioni, l'ascolto della grande storia della salvezza nella sinagoga e nei memoriali delle feste, l'ascolto delle storie minime di un villaggio di Galilea. Quell'ascolto pieno di partecipazione e di simpatia lo ha educato a capire, a comprendere, con immediatezza e in profondità, ad esprimersi in maniera adeguata, partendo da un rispetto colmo di amore. Le voci e i suoni, dei giochi, delle feste, delle liti dei bambini e dei grandi nelle piazzette; i rumori dei lavori, i canti della gente troveranno eco puntuale nei suoi discorsi, solo dopo anni di ascolto dettato dalla tenerezza del cuore che il Padre Gli infonde.

Oltre l'indagine scientifica doverosa, ma incompleta

Questa prossimità d'amore che produce la vera conoscenza capace di creare e far crescere la vita non elimina lo sforzo di consapevolezza dei problemi in gioco, non diminuisce la tensione, ma da forma all'indagine conoscitiva sui fattori che determinano i fenomeni umani, psicologici, sociali e culturali. Il credente è obbligato a muoversi, con rigore metodologico, senza sottovalutare le informazioni e le ipotesi delle scienze antropologiche, ma non può fermarsi a questo livello. Senza essere sceso in profondità, con il dono dell'intelletto pieno d'amore, lo sguardo delle scienze positive d'indagine non è capace di penetrare a quel livello spirituale, dove sono le risorse più vere dell'uomo e dove viene prodotto anche il male, il peccato. Rimarrebbe dunque una conoscenza interessante, ma sterile, perché non incontra la verità più profonda dell'uomo e dei fenomeni umani. Occorre far propria, chiedendola nella preghiera, la capacità di penetrazione dello Spirito che conosce ogni cosa comprese le profondità. Solo così ci si può esprimere nella verità intera, sicuri di essere in sintonia con lo Spirito. Quante volte lasciamo che siano sociologi e psicologi a dire l'ultima parola su un discernimento di natura spirituale e pastorale, che una mera descrizione delle relazioni e dei dinamismi intrapsichici, non può operare per se stessa. Certamente occorre attingere, per serietà scientifica, ai dati fenomenici, relazionali e dinamici della psiche e della cultura, ma il cuore della relazione creatrice dello Spirito sfugge a questi strumenti d'indagine. Molte delle analisi anche fatte, da un punto di vista scientifico, in maniera ineccepibile, restano mute e sorde, da un punto di vista pastorale. Non dicono nulla, perché vengono consegnate a chi non può o non sa operare una lettura spirituale e pastorale. Forse non varrebbe neppure la pena di affrontare sforzi anche economici, se non si sa come arrivare ad utilizzare i dati raccolti. Solo attraverso un ascolto più profondo dello Spirito, si può arrivare ad una lettura sapienziale, teologico-pastorale dei dati, intesi come segni, come tracce del nuovo che avanza anche nelle situazioni più negative. Sia per il discernimento degli spiriti come pure per il discernimento dei segni dei tempi l'azione dello Spirito può essere riconosciuta dalle sue tracce, dagli effetti o frutti. La scienza descrittiva non può attribuirli all'Autore; è solo lo Spirito che conosce i segreti del cuore, che può riconoscere se stesso e dà all'uomo di partecipare, con il sensore dell'intelletto a questo riconoscimento gioioso. La Visitazione è stupenda icona dell'esultanza gioiosa dello Spirito che entra in sintonia con Se stesso, scatenando nell'entusiasmo, la confessione profetica e la lode. Lo Spirito presente nel profeta Giovanni fa sussultare il seno della madre e per sua bocca riconosce in Maria la Parola che si fa carne, per la forza dello stesso Spirito[51].

Il discernimento è un giudizio maturato attraverso l'interpretazione dei segni dei tempi nuovi, che vengono da parte di Dio Signore e Creatore di cose sempre nuove. Occorre conoscenza profonda delle cose di Dio, dei Suoi gusti e del Suo stile, ma bisogna partire, per farne esperienza, come per la conoscenza scientifica sperimentale, da una intuizione prima. Per analogia tra l'esperienza spirituale e l'esperienza scientifica possiamo dire che l'intelletto è intuizione prima delle tracce dello Spirito, è quello che rappresenta l'ipotesi per la ricerca sperimentale. Intelletto ed ipotesi sono già una certa intuizione della realtà, entrambe aprono la strada ad una conoscenza ulteriore, esperita e verificata, più sicura e affidabile. Sia intelletto spirituale che ipotesi ragionevole sono entrambi dentro un atteggiamento umile e rispettoso del reale troppo complesso, in confronto alla limitata capacità di comprensione. Ipotesi scientifica e intelletto spirituale scommettono fiduciose sulla possibilità del reale di svelarsi. Sia l'intelletto spirituale che è dono nato dall'Amore effuso sia l'ipotesi che nasce dalla creatività e dall'umile conoscenza razionale rilasciano un primo giudizio orientativo e non sono tutt'intera la conoscenza, che viene solo per esperienza. Intelletto ed ipotesi sono possibilità interpretative, chiave per una ulteriore progressiva conoscenza, primo orientamento da dare alla conoscenza successiva. L'intelletto si applica alla prima conoscenza delle cose che solo lo Spirito può svelare; l'ipotesi scientifica si applica ai fenomeni esteriori, per individuare variabili e cause che intervengono nel generare i fenomeni. Mentre l'ipotesi scientifica nasce da un'attitudine tutta razionale ad osservare attentamente i fenomeni e a penetrare le più appariscenti manifestazioni, l'intelletto, dalla frequentazione del Maestro interiore, fa derivare la capacità di coglierne con immediatezza i gusti e le preferenze. Sono proprio le situazioni più problematiche o scandalose della storia e della vita a richiedere ai credenti l'esercizio di quella "luce intelletual piena d'amore" che è donata loro dallo Spirito. Spesso questa richiesta fatta alla ragione è insostenibile, talvolta il suo grido è lacerante, disperato! Niente come lo scandalo proposto dal peccato degli uomini ci illustra come è da intendere la volontà di Dio. È certo che fisicamente e meccanicamente

---

[51] Lc. 1, 39-56.

la situazione scandalosa è determinata dalla volontà e dall'azione degli uomini. È però altrettanto certo, per il credente della fede di Abramo e di Gesù, che in queste storie, come in tutta la grande storia, Dio è presente. L'intelletto è la capacità di cogliere in profondità tale Presenza e vuole sentire e vedere, anche nello squallore più nero del peccato e nell'apparente derelizione d'ogni stato di sofferenza e malattia, l'onnipresente Amore che salva e redime l'uomo. Come? Come e-vento, come ingresso da fuori, dalla Sua trascendenza non confusa con il fatto, con l'accadimento. La Sua presenza c'è nell'attribuire senso, e nell'appello che ogni situazione ha, in un orizzonte che supera la contingenza, l'effimero e sta di fronte all'Assoluto e l'Eterno. Dio non è nel fatto bruto, come può essere descritto, ma come attribuzione di senso che supera la banalità e dona liberalmente ulteriorità di futuro. La presenza dello Spirito nell'interiorità dell'uomo dona luce a ciò che è cieco, sbocco a ciò che si frappone e paralizza come "scandalon", ostacolo e inciampo. Letto come e-vento da chi ha conoscenza e intelletto, lo scandalo è pro-vocazione, appello (vocazione) all'oltre, spinta in avanti (pro).

Gettare lo sguardo amorevole oltre lo scandalo

Per rimanere nell'immagine dell'etimo: il masso che si frappone nel cammino lineare della vita interiore si può affrontare in diversi modi. Un modo che cede alla tentazione è quello di volgere le spalle. C'è chi, di fronte alle difficoltà, ha l'attitudine a ripiegare su posizioni comode, di ritirarsi dal cammino. Possiamo ritrovare questo comportamento nella pericope del discorso di Gesù a Cafarnao sull'Eucarestia nel Vangelo di Giovanni[52] da parte di quei discepoli che lasciano Gesù, perché il suo "discorso è duro".

La soluzione di ripiegare, di tornare indietro o sentirsi respinti e precipitare nella situazione precedente di ignoranza e confusione non è neppure la peggiore, perché chi cammina ancora può convertirsi più facilmente di chi sta fermo. Ci può essere appunto anche chi, ed è una posizione assai più frequente, si siede sul macigno. Si adagia facilmente sull'errore degli altri, sull'ostacolo. Chi giudica, mormora, si lamenta, denuncia, si sdegna e si agita, assomiglia a chi si siede o sta in piedi, come stesse su un podio o un pulpito, che si ingigantisce sempre di più agli occhi degli altri. È un

[52] Gv. 6, 66-67.

atteggiamento che sembrerebbe semplicemente sterile ed infruttuoso, in realtà è il peggiore, in quanto lo scandalo produce solo in tal modo l'effetto deleterio che l'Avversario che l'ha prodotto s'aspettava: tenere bloccati i figli di Dio, nella loro crescita verso la maturità di Cristo.

Altre due, però, possono essere le modalità corrette di affrontare lo scandalon, l'inciampo. Qui si capisce perché Gesù stesso dica che "è inevitabile che avvengano gli scandali, ma guai a colui per cui avvengono"[53]. Non è una fatalità o un destino, ma la conseguenza della debolezza mortale dell'uomo ferito dal peccato e della volontà di pervertire che il Maligno coltiva. Gesù dice pure: "beato chi non si scandalizza di me". Può esserci dunque anche una beatitudine nello scandalo e questa è dono che viene dall'alto, se non si cede alla fuga e alla mormorazione, ma affidandosi a Dio può adottare due comportamenti diversi. Una possibilità è quella di passare oltre sormontando lo scandalo. Si può anche sperimentare, conoscere il problema, il male, il peccato, la contraddizione, ma non lasciarsi "scoraggiare nel fare il bene", proseguire nel cammino del discepolato, della crescita spirituale e comunitaria divenendo ogni volta più forti proprio in grazia delle difficoltà superate. Lo scandalo rende i discepoli più vigilanti nel cammino, più umili nel riconoscere le debolezze, più forti per ogni ostacolo superato.

L'ultima, più cristiana modalità nell'affrontare gli scandali è quella che definirei "pasquale", perché è quella che ha trasformato il supplizio scandaloso della croce in elemento fondamentale di redenzione e di glorificazione. È il modo di comportarsi di Dio con l'uomo in tutta la Rivelazione, in maniera ancor più evidente nel mistero pasquale, tanto che si esprime finalmente nell'esclamazione paradossale della liturgia pasquale del "O felix culpa...!"[54]. Basterebbe considerare la storia dei Patriarchi per rendersi conto di come il Signore rilancia la promessa e l'alleanza ad ogni infedeltà dell'uomo. Questo stile di Dio lo si ritrova in tutto l'agire di Gesù, nella predicazione e nei "segni" da Lui prodotti. Levi Matteo era lo scandalo d'ogni giorno davanti alle porte di Cafarnao; il pubblicano diviene apostolo, in maniera non indolore, sottostando al

---

[53] Lc. 17, 1-4.

[54] "Exultet..." o preconio della Veglia di Pasqua.

giudizio del suo piccolo mondo. Nel corso di un pranzo "impuro" e scandaloso a casa sua, Gesù coglie l'occasione per dire la destinazione salvifica della propria venuta, della propria missione "Io non sono venuto a chiamare i giusti, ma i peccatori"[55].

Una visione diversa risana, guarisce, abbraccia la totalità

L'emorroissa infetta e legalmente impura, per il versamento di sangue, diviene con il suo gesto "impudente" e scandaloso l'occasione per dire che si è salvi e guariti per la fede in Gesù: "Coraggio, figlia, la tua fede ti ha guarita"[56].

La donna meretrice in casa di Simone Fariseo fa un rituale tutt'altro che sacro lavando i piedi a Gesù con le lacrime e asciugandoli con i capelli, eppure per Gesù oltre a dare la salvezza a lei "che molto ha amato" per aver molto osato, serve anche a svelare il cuore di Simone, perché possa crescere nel suo affetto e nel rispetto per il "Maestro"[57].

I miracoli del sordomuto, del cieco nato, dei lebbrosi avvengono per contatto "impuro" con chi è maledetto, laddove sarebbe bastato un semplice comando, un cenno della Volontà. Ognuno di questi gesti è scandalo, ma per Gesù diventano segni rivelatori, come e soprattutto lo scandalo del sabato trasgredito, per affermare il primato dell'uomo nell'attenzione di Dio[58]. È emblematico il miracolo del cieco di Gerico: quello che, secondo la valutazione delle avanguardie della missione, viene ritenuto un inciampo, un inutile agitarsi che ritarderebbe la missione del Maestro dentro la città, per Gesù diviene il segno che accompagna il vangelo suscitando meraviglia e lode, più d'ogni altro discorso o testimonianza; quello che sembrava ostacolare la missione si rivela la possibilità insuperabilmente efficace per il vangelo. Il rovesciamento che Gesù opera con il suo discernimento è, in questo caso, lo svelamento della cecità dei suoi che non vedono come sia proprio il cieco la via per una efficace evangelizzazione: chi crede di vedere è cieco e chi è cieco è per la sua fede, colui che svela la forza del vangelo che

---

[55] Mt. 9, 13.

[56] Mt. 9, 22.

[57] Lc. 7, 36-50.

[58] Lc. 14, 1-7.

salva.[59] Tale era la frequenza di questo modo di procedere di Gesù che Egli stesso poté essere definito scandalon "pietra d'inciampo". Ma lo scandalo più radicale è la sua morte, per colpa di bestemmia e condanna di scomunica. Cristo crocifisso è "scandalo per i Giudei e stoltezza per i pagani". Per chi crede, invece, la croce "è potenza di Dio e sapienza di Dio"[60]. Gli uomini hanno condannato Gesù "scandalizzati" anche in maniera strumentale dei suoi comportamenti di sacrilego e bestemmiatore. Il Padre, nel sacrificio del Figlio, svela il suo amore di immensa misericordia e accetta la preghiera del Figlio, per il perdono dell'umanità. Lo scandalo diviene, ancora una volta per Dio, un'occasione di nuove promesse ed alleanze, anzi di "nuova ed eterna alleanza" e nel dono dello Spirito effuso dalla Croce, l'anticipo e la caparra della venuta e del pieno godimento di tutte le promesse. Sembra che il Signore abbia voluto, in ogni modo, edificare sullo scandalo, sulla "pietra scartata dai costruttori", la nuova comunità, a sua volta scandalo. La Chiesa, per il fatto stesso d'essere alternativa al mondo, "nel mondo, ma non del mondo" è scandalo per il mondo. Gesù è la pietra d'inciampo, che diviene "pietra angolare"[61], chiave di volta, preziosa, per l'edificazione dell'"edificio spirituale" che è la Chiesa[62].

Nelle mani d'una comunità che conosce, per il dono della scienza, lo stile dell'agire di Dio, ogni scandalo o impedimento è una possibilità, per edificare interiormente le persone "come pietre vive", come "sacerdozio santo", di edificarsi come "popolo regale". La comunità che fa questa operazione nel discernimento, ha bisogno prima di vedere dentro ("intus-leggere"), con il dono spirituale dell'intelletto che la rende capace di superare il giudizio superficiale. L'andare oltre, secondo la volontà del Padre, che vuole la crescita dei suoi figli, è superato dall'atteggiamento che ci rende simili a Chi "s'è fatto peccato", per la nostra giustificazione. Farsi carico, assumere per redimere, non significa confondersi, ma qui appunto sta il compito delicatissimo del

[59] Lc. 18, 35-43

[60] I Cor. 1, 20-25.

[61] Atti 4, 9-12.

[62] I Pt. 2, 4-10

discernimento. Quando, senza stracciarsi le vesti, sdegnarsi, volgersi indietro o semplicemente ignorare, una comunità sa farsi carico e assumersi il peso, cresce velocemente verso la misura di Cristo, verso "l'uomo nuovo". Questo atteggiamento e comportamento conseguente e virtuoso è frutto d'un discernimento adulto e maturo. La scienza delle cose e dell'agire di Dio, ci induce intanto alla prudenza salvandoci dal giudizio affrettato e superficiale. Tale conoscenza, di fronte ad ogni situazione negativa, ci provoca, ci proietta oltre, verso la possibilità di bene che il Signore della storia già ha creato da dentro. Il paradigma è sempre la pasqua: in questo evento, lo scandalo della croce e la notte della morte si è trasformata in aurora di vita nuova. Lo Spirito Santo in noi è la garanzia che tutto è "possibile per chi crede", anche far nascere dalla morte una vita di più . Questa esperienza pasquale non è vera solo ad un livello metafisico, ma anche a livello storico, esistenziale, intellettuale, spirituale, mistico. Basterebbe riflettere meglio su tante esperienze umane avvenute proprio nell'alveo terrificante e scandaloso dei campi di sterminio e dei gulag del secolo ventesimo, per renderci conto a quali altezze può condurre l'opera dello Spirito in noi. Dietrich Bonhoeffer, Edith Stein, Etty Hillesum, Simone Weil, Pavel Florenskij hanno raggiunto, proprio attraverso l'esperienza scandalosa dello sterminio, livelli di consapevolezza pasquale e di conoscenza mistica del Dio di Gesù Cristo e di amore solidale per il genere umano tutto fino alla compassione per i carnefici.

All'intelletto è necessaria la scienza come disciplina

L'intelletto non è una sorta di intuito naturale che qualcuno ha ed altri no. L'intelletto illuminato dalla scienza che è dono della conoscenza di Dio ci fa muovere, dentro il Suo orizzonte inedito: in profondità, ci fa cogliere la presenza del Trascendente nella storia. Il fatto è e-vento, ma non in maniera automatica, bensì per la fede di chi vede oltre l'intervento di Dio che chiede la partecipazione dell'uomo. La Sua volontà va cercata nella pro-vocazione all'oltre, nella Sua inesausta volontà di bene. La volontà umana solo così può essere conformata alla volontà divina. Conosciamo alcuni casi di discernimento ecclesiale apostolico che fa dell'inciampo un elemento insostituibile di crescita. Qui ci interessa sottolineare come, all'osservazione anche più attenta e meno distratta di un cronista o anche di uno storico, tali avvenimenti avrebbero valenza certamente solo negativa. Segnerebbero uno scacco, una battuta d'arresto della comunità. L'intuizione della comunità credente che si fa "uditrice della Parola" arriva al cuore dell'accadimento, del fatto e vi intravede l'evento e la pro-vocazione capace di riscattarlo. Cos'è dunque che consente a chi pure è parte coinvolta di assumere un atteggiamento non disfattista, non ripiegato ed imploso, invece pro-attivo, proprio a partire da tali eventi? Si noti come è una lettura in profondità, ma data quasi immediatamente, come per un'illuminazione, sulla quale occorre ritornare, per considerarne i risvolti e le implicazioni. S'arriva, a partire da questa prima illuminazione, a determinare atteggiamenti senza dubbio sorprendenti. Per intelletto intendiamo questo colpo di luce interiore.

La persecuzione di Pietro e Giovanni, subito dopo la risurrezione, mette in costernazione gli altri apostoli e discepoli; la Comunità di Gerusalemme si interroga sul da farsi, soprattutto interroga la Scrittura, per comprendere la volontà di Dio. Con l'illuminazione d'una rilettura del Salmo 2, fa discernimento: d'ora in avanti, la persecuzione sarà per loro, discepoli di Gesù Crocifisso e Risorto, testimonianza, martirìa necessaria al vangelo predicato[63]. L'esercizio dell'intelletto nella lettura sapienziale delle Scritture guida la Chiesa nascente.

Lo scandalo e lo scontento degli ellenisti nei confronti degli Ebrei a proposito della distribuzione dei beni e del soccorso alle vedove e agli orfani, dopo opportuno discernimento, nella comunità di Gerusalemme provoca l'elezione di sette credenti di buona reputazione e l'istituzione del diaconato, prima articolazione dell'Ordine sacro, il rilancio della missione più tipica e propria degli Apostoli: "il ministero della Parola e le preghiere"[64].

La stessa persecuzione di Stefano produce il divulgarsi della Parola del Vangelo in Samaria[65], in Antiochia[66] e la conversione stessa di Paolo, con ogni probabilità, comincia

[63] Atti 4, 31.

[64] Atti 6, 1-7.

[65] Atti 8, 4 e ss.

[66] Atti 11, 19 e ss.

da lì [67].

La frequentazione dei pagani convertiti, da parte di Pietro, mette in difficoltà e scandalizza i giudaizzanti i quali vogliono imporre le antiche tradizioni e consuetudini concernenti la purità. Pietro scandalizza costoro per l'apparente eccessiva libertà del suo comportamento. La chiamata in casa di Cornelio ed il successivo discernimento operato da Pietro, di fronte ai segni dello Spirito, fa comprendere come "Dio non fa preferenza di persone"[68] e come "anche ai pagani Dio ha concesso che si convertano per avere la vita"[69]. Pietro, che inizialmente scandalizza Paolo e gli spiriti più liberi, per essere troppo timido nel-l'affermare la salvezza per la fede, finalmente consente di chiarire la questione fondamentale della circoncisione. Provocata dallo scandalo d'un atteggiamento ambiguo, la decisione avviene in una maniera esemplare anche per il futuro ed è mirabile come tal modo di discernere consente di dire: "lo Spirito Santo e noi abbiamo deciso..." con un'unanimità, una franchezza e fortezza che meravigliano [70].

Lo scandalo della divisione della comunità e della persecuzione di Paolo da parte dei giudaizzanti, in ogni comunità, si risolve in occasione massimamente utile, secondo il modo di sentire di Paolo, tanto che scrivendo ai Filippesi così si esprime dopo essere stato consegnato dai suoi, in catene per essere giudicato dai pagani: "Desidero che sappiate fratelli che le mie vicende personali si sono rivolte piuttosto a vantaggio del Vangelo, al punto che in tutto il pretorio e dovunque si sa che sono in catene per Cristo. (Nella comunità) ... alcuni è vero predicano Cristo per invidia e spirito di contesa... pensando di aggiungere dolore alle mie catene. Ma questo che importa? Purché in ogni maniera, per ipocrisia o con sincerità, Cristo venga annunziato, io me ne rallegro e continuerò a rallegrarmene..."[71]. La stessa prigionia di Paolo a Roma, che sembra essere

[67] Atti 8 e 9

[68] Atti 10, 34.

[69] Atti 11, 18.

[70] Atti 15, 22-28.

[71] Fil. 1, 12 e ss.

lo scacco e lo scandalo, per il vangelo da predicare, si risolve in estrema efficacissima testimonianza di libertà, per il vangelo e la sua accoglienza, tanto che finalmente "insegnava le cose riguardanti il Signore Gesù Cristo, con tutta franchezza e senza impedimento"[72].

In conclusione: in questa limitata teoria di esempi, pare evidente che proprio grazie al discernimento, con l'aiuto del dono dell'intelletto, anche lo scacco estremo si trasforma in occasione favorevole. Lo scandalo, prima nella mente, poi nelle mani di chi crede, diviene pietra portante da costruzione per l'edificio interiore sia per quello ecclesiale. Solo l'esperienza dello Spirito che parla al credente e alla Chiesa, in misura certamente più piena che al singolo, può rivolgere in bene ciò che in sé non è stato voluto proprio come tale. La realtà per se stessa ambigua dello scandalo può essere riscattata e divenire estremamente positiva, ma questo solo grazie ad una capacità di leggere dietro le apparenze, dentro le pieghe della cronaca e le storie raccontate dagli uomini, grazie al dono dell'intelletto spirituale che s'ispira alla conoscenza del Dio di Gesù.

Per discernere, per arrivare al giudizio maturo e responsabile, occorre saper confrontare il presente problematico con la scienza della storia della salvezza, delle cose di Dio in essa rivelate. Ma c'è un momento in cui s'intuisce per un dono dello "Spirito acuto e penetrante" un'attinenza, un'attualità dell'Eterno nel tempo presente, dell'Assoluto nella storia. L'intelletto si riceve, come organo, per dono, ma si affina per attitudine alla meditazione, al confronto. Solo dopo esercizio ripetuto l'occhio dell'intelletto spirituale ed interiore comincia ad agire sempre più spesso per immediatezza. Non basta sapere il paradigma da coniugare, che nel caso nostro è la storia della salvezza e la pasqua del Signore, occorre l'esercizio della lingua per arrivare, con immediatezza a parlare correttamente, declinando e coniugando la Volontà e la Salvezza nell'oggi, nelle circostanze complesse del vivere.

La meditatio, nel processo della lectio divina, è quel momento in cui ci si confronta con l'attualità stringente della Parola che scandaglia non solo gli eventi o provocazioni della storia, ma anche le profondità dello spirito dell'uomo. "Infatti la parola di Dio è viva,

[72] Atti 28, 30.

efficace e più tagliente di ogni spada a doppio taglio; essa penetra fino al punto di divisione dell'anima e dello spirito, delle giunture e delle midolla e scruta i sentimenti e i pensieri del cuore"[73]. Colpisce il fatto che il Signore Gesù in quella liturgia dell'Apocalisse, in cui le comunità vengono adunate, per conoscere il senso della storia di fronte a Dio, esercita, proprio con la parola della Sua bocca, questa penetrazione degli eventi della storia e dell'anima umana. Di fatto si presenta alle sette chiese che tiene in mano come Colui che viene per svelare la situazione di ognuna di esse, per correggere ed incoraggiare. "Nella destra teneva sette stelle, dalla bocca gli usciva una spada affilata a doppio taglio e il suo volto somigliava al sole quando splende in tutta la sua forza"[74] .

[73] Ebr. 4, 12.

[74] Ap. 1, 16.

4. UN "ECCOMI" CONFIDENTE

Con il dono della pietà, nell'orazione, si promuove l'accoglienza della volontà del Padre.

Risposta amorosa all'intelligenza della Volontà divina.

L'oratio è partecipazione a quel movimento dello Spirito che dal Figlio spira verso il Padre nell'eterna, divina circolazione trinitaria. La preghiera, in quanto risposta del credente alla conoscenza delle Scritture, è inserita dentro quell'amen, movimento dello Spirito di Gesù che ritorna al Padre; più propriamente è presente, per grazia in lui e quasi l'attraversa. Esprimendosi nell'orante cristiano questo movimento può avvenire solo con il dono spirituale della pietà. Il Priore della Comunità di Bose parla della "conoscenza d'amore", quasi non ci sia soluzione di continuità, tra la conoscenza derivante dalle Scritture (o scienza, anch'essa dono dello Spirito) e quella che, nella lectio, viene denominata oratio. "Questa è poi conoscenza pratica, connotata da intimità, penetrazione e comunione personale, che coinvolge tutto l'essere del credente o lo immette in una dinamica di conformazione esistenziale della propria vita alla vita del Cristo. È una conoscenza che scende pertanto su una povertà connotata, da un lato, da un'umile e realistica accettazione della propria creaturalità, della propria storia e della propria carne come luogo reale di adesione e amore per il Signore e dall'altro, dall'assunzione obbediente del criterio della 'osservanza dei comandamenti' (in termini giovannei), cioè del 'fare la Parola' (Gv. 2, 3-5), come mezzo per comprendere sempre più a fondo. Solo su questa povertà la lettura della bibbia può sprigionare l'efficacia della Parola di Dio che compie così l'opera ed il tragitto per cui è stata inviata (Is. 55, 10-11), fino a rendere i volti dei lettori credenti somigliantissimi al volto di Cristo. La storia della santità cristiana è attraversata da costanti e differenziati esempi di povertà nell'approccio alla Scrittura che ha condotto uomini e donne ad una conoscenza personalissima del Signore mostrata in tutta una vita di coinvolgimento con Colui che li aveva "afferrati" (Fil. 3, 12)... 'Si ama il Santo, benedetto Egli sia, soltanto in proporzione della conoscenza che se ne ha', scriveva Maimonide, e la necessità della conoscenza del Signore, che per il cristiano diventa amore personale per Gesù Cristo

(1Pt. 1,8), va più che mai ricordata nel momento attuale in cui la vita cristiana sembra strutturarsi sempre più come via delle opere!"[75].

In relazione sostanziale e personale con le Tre Persone divine

Conoscere sempre meglio il Dio di Gesù, , con il dono spirituale della scienza, penetrare per intuizione d'amore l'oggi ed il qui come luoghi della sua Volontà, ci mette di fronte alla Trinità personale e distinta, in una reciprocità oblativa. La Trinità interpella in maniera originale e differenziata, come da Persone a persona, noi in questo momento. Il credente in Gesù avverte, nel percorso della lectio divina che porta al discernimento, di essere non di fronte ad una deità indistinta. Dalla conoscenza della Trinità, dalla Sua opera nella storia della salvezza, ha imparato ad essere, come Gesù, di fronte al Padre quando s'interroga sulla Volontà, ad essere di fronte allo Spirito, quando invoca la docilità del cuore per l'illuminazione e l'accoglienza della Parola, ad essere di fronte al Figlio, Verbo e Maestro, quando si mette in ascolto della Scrittura in cui Egli s'esprime già nei tipi dell'A.T. e poi nei discorsi e nei "segni", quando invoca che si faccia Parola udibile e significativa nell'oggi della salvezza offerta ancora , per Lui ed in Lui solo. L'esercizio della pietà di fronte al Dio della Trinità personale è in ogni momento della lectio, ma nell'oratio si fa più esplicita la coscienza della vicinanza, della inabitazione trinitaria. Nella lectio e nella meditatio la conoscenza della Scrittura e la riflessione sulle sfide del tempo, l'intuizione di prime spiegazioni di fenomeni e manifestazioni dello Spirito o del mondo, nel suo mysterium iniquitatis, ci provocano ad una prima risposta espressa come presa di coscienza, di fronte alla prima intuizione di un compito permanente ed esigente. Siamo di fronte al Padre che ci ha rivelato la sua misericordiosa benevolenza e lo lodiamo; siamo di fronte alla conoscenza del nostro peccato e del peccato del mondo e chiediamo che lo Spirito ci purifichi; siamo di fronte alla prima intuizione della Volontà e chiediamo al Figlio che ci faccia discepoli fino alla Croce. Insomma tutti gli atteggiamenti e le modalità del pregare si esercitano davanti alla Trinità. Finalmente è preghiera vera che, dando voce allo Spirito di Gesù, per Lui, con Lui ed in Lui, arriva al Padre. La preghiera è l'amen molteplice che fa eco, nel tempo ed

[75] E. Bianchi, op. cit., pp. 4-5.

in ogni luogo in cui vivono i sacerdoti della nuova creazione, all'Amen eterno che è il Figlio di fronte al Padre. Sollecitati dalla Scrittura che, nel confronto con la vita, si sta facendo Parola viva, veniamo spinti dallo Spirito a metterci in risposta e nella supplica, di fronte a quanto ci pare ci sta per proporre il Padre. L'orazione è un discorrere con Lui che "conosce e scruta le profondità" nostre, perché possiamo assimilare e far scendere nelle profondità della coscienza le conoscenze della prima illuminazione avvenuta. Egli che conosce i pensieri e i desideri del nostro cuore tuttavia vuole che li esprimiamo, per purificarli, per educarli e coltivarli alla sua Presenza. L'espressione orante è la via per un'assimilazione più profonda e consapevole, per un'appropriazione della Sua volontà che ci trascende e che tuttavia siamo chiamati a far diventare nostra passione, con cuori di uomini, nelle opere e nella vita come fu per Gesù. A chi lo ritenesse superfluo ed inutile basterà riflettere sulla dinamica dell'amore umano: nel momento in cui non si riesce più ad esprimere o non si dice, si spegne. In particolare l'espressione del dono della pietà, nell'orazione, sostanzia la preghiera di Parola. Nella lectio non si esprime solo lo spirito dell'uomo, con i propri desideri, i propri progetti, le speranze umane e propri drammi e dolori, ma si esprime soprattutto la Parola. La preghiera conseguente non è implosa dentro la vita e l'esistenza del soggetto orante. Tutto il processo della lectio è un procedimento dialogico, dinamico che va dal Dio personale e trinitario all'uomo e alla comunità e dai credenti in Lui. Per questo dinamismo interpersonale la preghiera cristiana non può confondersi con altre forme di meditazione orientale. Anche la meditazione che precede l'orazione è dialogo interiore che nasce dall'iniziativa di Dio nella Scrittura e nella grazia che precede l'atto stesso del credente. È solo nella oratio, in questo preciso momento della lectio, che si passa dalla immanenza chiusa e spesso gretta dei nostri ragionamenti umani, alla trascendenza dello Spirito, che da noi si rivolge al Padre. Questo avviene, nel contempo, per una crescita della consapevolezza che viene dai passi fatti fin qui (statio, lectio, meditatio), ma soprattutto per il dono della pietà effuso nei nostri cuori dallo Spirito.

Nella via della lectio divina verso il discernimento, viene prima la Parola, che si è espressa e l'oratio è legittima solo in risposta al Dio Padre di Gesù. L'uomo ricompreso come figlio si esprime, con una confidenza prima sconosciuta, con rinnovata speranza filiale e con riconoscente amore. Si può finalmente e solo qui parlare in maniera appropriata di dialogo. Dialogo spirituale nel senso più proprio del termine in cui l'uomo spirituale cresce coinvolto in un dinamismo in cui lo Spirito di Gesù presente in lui, dialoga con lo Spirito presente nella Parola e nella Comunità che la esprime. L'uomo si trova coinvolto, per opera dello Spirito, come in una "esplosione oblativa" in cui è Gesù che si rivolge al Padre e si offre, nell'unico desiderio di compiere in tutto la Volontà per cui è venuto. Al di fuori di questo dinamismo spirituale, può esserci solo una fissazione nel percorrere viziosamente i sentieri del desiderio: è come battere, sempre in tondo, la stessa strada, che gira intorno a sé, per la soddisfazione dei propri bisogni e per la realizzazione dei propri progetti. Questa è l'implosione senza efficacia della preghiera religiosa e troppo naturale. Essa non tiene conto dell'indirizzo, del Destinatario, del "giusto Tu"; può solo arrivare ad una progressiva frustrazione. Quando la tensione è unicamente questa circolarità intorno a se stessi, la "preghiera" è monologo frustrante verso l'idolo dell'io. Tale monologo insulso e idolatrico s'esprime davanti alla presunta onnipotente ipertrofia dell'io idolatrato. Si può aver la sensazione d'essere esauditi oppure no e ricercare ancora altro favore o grazia, tornare a chiedere quanto ancora è oggetto del desiderio o del bisogno e così via, senza mettersi mai davanti ad altro che a sé. Senza trascendenza, senza estasi, senza crescita reale. Ma proprio qui sta il primo movimento di conversione, il rivolgersi all'Altro nella preghiera, nella supplica come nell'adorazione che la sua Parola ci ha ispirato, con i contenuti che la stessa Parola ci ha forniti.

L'orazione è performante esercizio di figliolanza.

Ancor più in profondità J. Lafrance ci conduce a capire che "Nel movimento di conversione l'uomo ritrova la sua vera natura che è di essere preghiera. Ridiventa l'uomo nuovo uscito dalle mani del Creatore, ritrova la sua primitiva vocazione di sacerdote della creazione universale, mentre voleva esserne semplicemente il padrone. (...) Non è forse la vocazione del monachesimo interiorizzato vissuto nei deserti delle grandi città da uomini e donne viventi in mezzo al mondo? La loro missione è d'introdurre l'universo cosmico nel grande impulso di adorazione che non cessa di sprigionarsi dal loro cuore. (...) Le passioni sono come l'inverso di questo movimento di adorazione. L'uomo porta in sé questo dinamismo; se non lo orienta verso Dio, allora adorerà se stesso, diverrà idolatra dell'uomo collettivo o individuale, dell'arte, della politica, della razza, della nazione, poco importa il nome dell'oggetto. Se egli non prega Dio, pregherà se stesso. È quasi una definizione di Satana: un'adorazione sviata che si perde nel nulla. L'uomo ha sete di Dio e poiché questa sete non è mai appagata, egli può essere ingannato dall'angelo delle tenebre travestito in angelo di luce, allora investe nel vuoto quel dinamismo di adorazione: l'inferno è forse soltanto questo incontro della sete e del vuoto. L'uomo beve il suo proprio vuoto e sempre più brucia di sete... Nel peccato si resiste a Dio, invece di slanciarsi verso di Lui e ci si ripiega su se stessi. San Bernardo parlerà della natura incurvata (natura curva) commentando il passo del vangelo sulla guarigione della donna curva. Mentre nell'amore, ci si lascia portare dall'oblazione spontanea e si va fino alla fine di quest'apertura, nella gioia. Così l'uomo è gettato in uno stato di esplosione oblativa, se egli è fedele a questa oblazione che lo solleva misteriosamente e, se lascia parlare il suo cuore così come Dio lo ha creato, la sua vita diviene un sacrificio di lode assunto da un desiderio immenso di perdersi in Dio. È l'essenza della vita cristiana di essere una liturgia di azione di grazia, un'eucarestia in cui si perde in Dio e per Dio, proclamando che Egli solo è importante." [76]

Tutto questo itinerario di spoliazione e di offerta di sé, per aderire alla volontà di Dio Padre, avviene nella lectio, per il discernimento. In altre forme di preghiera facilmente si scivola a parlare tra sé o con immagini distorte di dio, di fronte a turpi fantasie su dio che non è il Padre di Gesù Cristo rivelato nelle Scritture, ma una onnipotenza numinosa, prepotente e arbitraria.

Solo il Respiro divino in noi può pregare davvero.

Paolo esprime con grande efficacia e forza la nostra totale impotenza di fronte alla preghiera vera: si tratta di un'ignoranza invincibile dell'uomo naturale riguardo al Chi pregare e riguardo al cosa chiedere. Nella lettera ai Galati esprime la convinzione che non c'è consapevolezza di che cosa rappresentiamo per Dio se non fosse dato dallo Spirito col dono della scienza, ma questa si esprime nella pietà in maniera chiara quando

---

[76] J. Lafrance, La preghiera del cuore, Civitella S. Paolo, 1984, pp. 41-43.

facciamo “la preghiera del Signore” “E che voi siete figli ne è prova il fatto che Dio ha mandato nei nostri cuori lo Spirito del suo Figlio che grida: Abbà, Padre!”[77]. È ancora la preghiera (dono) che si muove nella fede (carattere) che dètta atteggiamenti nuovi in rapporto all'Abbà rivelatoci: "E voi non avete ricevuto uno spirito da schiavi per ricadere nella paura, ma avete ricevuto uno Spirito da figli adottivi, per mezzo del quale gridiamo: Abbà, Padre!"[78] .

Se non sappiamo a Chi rivolgerci nell’atto del pregare, la nostra ignoranza riguardo al cosa chiedere è deviata, in aggiunta, dal peccato e dalle passioni corrotte: “Allo stesso modo anche lo Spirito viene in aiuto alla nostra debolezza, perché nemmeno sappiamo che cosa sia conveniente domandare, ma lo Spirito stesso intercede con insistenza per noi, con gemiti inesprimibili”[79]. La nostra oratio, necessita del dono della pietà. Solo lo Spirito, che ha parlato fin qui nella Parola e negli eventi, con il dono del timore, della scienza e dell'intelletto, può indirizzarla giustamente e ispirare quanto davvero occorre e al Padre è gradito esaudire, per il nostro vero bene. L'oratio ha già raggiunto il suo scopo quando ci ha messo in questa condizione di chiedere lo Spirito di Gesù per essere in grado di fare quanto il Padre ci chiede. Pregare significa qui partecipare alla passione del Padre per il mondo che ama e portare a compimento quanto manca alla passione del Cristo prendendovi parte, cominciando dal desiderio espresso davanti al Padre. Non c'è esaudimento alla nostra preghiera più desiderabile che quello di metterci dentro il desiderio di quanto Dio vuole e di farci desiderare ed amare quanto è meglio per noi, fidandoci di Lui. Diciamo dunque: "sia fatto da noi qui sulla Terra quanto Tu già fai nei cieli per la nostra eterna beatitudine"!

Con preghiera gradita al Padre

L’oratio della lectio, che viene dalla pietà, dono dello Spirito, educa la nostra preghiera religiosa nella quale pratichiamo una sorta di idolatria del nostro desiderio. Si tratta spesso di quella tragica illusione, della nostra presunzione di dettar condizioni a Dio.

---

[77] Gal. 4, 6.

[78] Rm. 8, 15.

[79] Rm. 8, 26.

Quanto è sottile la tentazione di giocare con Dio al "do ut des"! La preghiera allora alimenta il mercatino della religione. Se praticassimo l'unica preghiera vera, che è quella cui, con infinita pazienza, Egli stesso ci ha educato con i Salmi, con l'oratio dominica, se capissimo di più la preghiera liturgica, ci educheremmo a chiedere quello che davvero è necessario, quello che il Padre non ci fa mancare. Le tante scuole di preghiera che sono fiorite negli ultimi decenni altro non dovrebbero perseguire che l'iniziazione alla lectio divina. Questa, nel medesimo tempo, è scuola della Parola, scuola di orazione, di contemplazione e scuola di vita conforme alla Volontà del Padre. Frequentemente invece si pratica in queste scuole il meglio, il distillato delle tecniche e delle discipline orientali, o s'imbastiscono massime e preghiere dei santi della devotio moderna. Lo si fa stranamente più volentieri che iniziare alla pratica della preghiera cristiana che deve essere sostanziata dalla Parola che, nascendo dalle Scritture, diventa rivelazione della volontà del Padre, per l'oggi del credente. Una volta che siamo di fronte alla conoscenza sempre migliore della Trinità nelle Scritture la pietà ci indirizzerà come un magnete verso la direzione giusta e ci ispirerà anche cosa degnamente chiedere in una sintonia da sempre desiderata nel nostro profondo. "È in queste profondità nelle quali sta la grazia battesimale che noi sentiamo quanto il nostro cuore sia abitato da un germe di preghiera. San Giovanni Crisostomo dice che quando l'uomo riceve il battesimo è illuminato da questa grazia, che poi si rifugia nell'inconscio. Tutta l'azione del cristiano consiste nell'accogliere e nel far risorgere in una coscienza esistenziale quella grazia battesimale che in qualche modo è sepolta nelle profondità dell'esistenza corporea. Un po' come una sorgente nascosta alimenta lo zampillo della fontana, non è forse ciò che spiega nella nostra vita quotidiana quelle 'vampate di preghiera' che salgono alla nostra coscienza chiara nel momento in cui meno vi pensiamo e nel quale apparentemente, non preghiamo in modo consapevole? Per questa tradizione, vi è una qualche santità nel profondo del nostro essere corporeo: questo è saturo di santità, perché è innestato sul corpo deificato e deificante del Cristo. Il cristiano vive troppo spesso come un automa o un dormiente e dimentica il suo cuore di preghiera. Deve dunque prendere coscienza della grazia battesimale: è qui che si nasconde la sorgente della preghiera. Per questo non mi piace molto l'espressione 'formare alla preghiera'. Non dobbiamo 'dare forma', colare in uno stampo prestabilito e nemmeno insegnare ‘una buona tecnica di preghiera’, ma dobbiamo permettere al germe della preghiera che si trova in ogni battezzato, di svilupparsi. Certo ci sono delle vie per le quali altri sono passati e delle costanti nella pedagogia di Dio nei nostri riguardi. Ed è interessante conoscerle. È come dire che non si può insegnare a pregare a qualcuno così come non si può insegnargli a gioire, ad amare o a piangere. La preghiera procede da una pulsione che è in noi; non si può fabbricarla, ma si può soltanto seguirla. Dobbiamo imparare a lasciar parlare in noi la vita trinitaria, come un bambino impara con tutta naturalezza a dire ‘papà’ a colui che gli ha dato la vita. Quando due fidanzati si amano trovano presto le parole e i gesti atti ad esprimere il loro amore”[80]. La "via" principale e la più praticata, e non solo a partire dal cristianesimo, per la preghiera vera, è la lectio divina. Il percorso fin qui dalla statio, alla lectio, alla meditatio è come una sonda che fa scaturire con vivacità, freschezza e forza la sorgente dello Spirito dal profondo, per un amen attuale che è l'eco dell'Amen fedele al Padre dall'eternità. La lectio che cerca il discernimento asseconda perfettamente il movimento interiore della pietà che, per lo Spirito, vuole che, in Cristo Gesù, torniamo al Padre, in un movimento che trasforma tutto l'essere del credente in preghiera. Educarsi a pregare in questo modo preciso della lectio significa educarsi all'esercizio del "sacerdozio regale" comune di tutti quelli che sono in Gesù fatti "stirpe eletta", desiderare di farsi viventi "fiat", "amen", "eccomi", sacrificio gradito al Padre "in Spirito e verità".

[80] J. Lafrance, op. cit., pp. 10-11.

5. LASCIARSI RIEMPIRE DI LUCE

Nella contemplazione silenziosa si esercita e cresce il dono della sapienza, si gusta la vita secondo lo Spirito

La frequentazione gratuita opera la trasfigurazione del credente.

Un passo ulteriore in questa preghiera della lectio è la contemplatio. In questo momento il flusso spontaneo delle parole, dei pensieri e del discorso cessa, per dare spazio al silenzio dell'intimità. I sentimenti e gli atteggiamenti vibrano, consonando e trasfigurando la realtà interiore. Quanto oggettivamente, per così dire, ci è stato dato di scoprire di Dio, non solo per le Scritture della sua Rivelazione, ma anche per la Sua presenza nella storia, ora soggettivamente lo si sperimenta, nella contemporaneità che lo Spirito promuove. Il passaggio dall'orazione alla contemplazione, come pura preghiera unitiva, è aiutato dal risuonare, nell'interiorità, di quella Parola che ci ha illuminati.

Con la ripetizione (ruminatio), la luce va crescendo in noi e invade tutta la nostra interiorità, prendendo gradualmente possesso del nostro cuore. La discesa agli inferi interiori del nostro essere avviene per queste vie semplici, ma autentiche. Le invocazioni brevi e ripetute di uno o l'altro versetto che ha colto nel segno, che ci ha "colpiti", come si usa dire, raggiungono una parte sensibile del nostro essere, aiutano una penetrazione interiore della Parola. Quei semi della Parola, per il permanere a lungo dentro la zolla più buia del nostro terreno interiore, possono produrre radici capaci di far emergere lo stelo che alimenterà il frutto che il Seminatore si aspetta da noi. Meglio se l'espressione del versetto si esprime come preghiera dalla formulazione breve, serve solo per stare in quell'atteggiamento a lungo, senza troppe distrazioni. L'immedesimazione in personaggi biblici vicini alla nostra situazione presente ci aiuterà a stare davanti al Signore, di volta in volta come maestro o come salvatore o come medico delle nostre anime o come liberatore o come amico o come Figlio o come Padre. Di volta in volta ci sentiamo spinti ad assumere gli stessi atteggiamenti di discepolato e disponibilità, di pentimento, di gratitudine, di richiesta e supplica, di gioia. La "preghiera del cuore" o "preghiera semplice" o "preghiera di Gesù" punta su questa lenta trasformazione dei nostri atteggiamenti. Più semplicemente, se ne siamo divenuti capaci, si può stare in silenzio di fronte a Lui, che ci conosce nell'intimo, col desiderio solo di ristare, per trovare consonanza, sintonia con Chi non si allontana, in considerazione della nostra estrema diversità, della Sua dignità divina. Il maggior tratto di strada l'ha fatto Lui: ha amato la prossimità e la condivisione della nostra natura, per starci vicino, con noi, anzi in noi e noi in Lui. Lo scopo di questo nostro rimanere nel silenzio è la pura disponibilità di fronte al Mistero dell'Amore.

È solo l'intimità unitiva che ci trasfigura gradualmente in Lui. Eppure perfino la trasfigurazione, massimamente desiderabile, è secondaria rispetto alla valutazione immediata della bellezza dello stare con Lui. La trasfigurazione del nostro essere non va cercata per se stessa, va accolta come effetto, come frutto. La contemplazione per sé non ha altro scopo che il godimento dell'Altro e la fruizione della Sua bellezza e della Sua bontà. L'amore, fin dall'inizio, non cerca niente altro che la gratuità dell'esserci all'Altro, così reciprocamente e semplicemente. È certo, però, che nulla cambia e trasforma come la frequentazione della persona di cui si ha più considerazione e stima. L'uomo diventa ciò che contempla.

Ha la sua sede nel cuore, centro motivazionale dell'essere

Il momento cui ci ha condotti la lectio per il discernimento è quello del passaggio al cuore. La conoscenza intellettiva del vero ci muove spontaneamente al bello, al buono. Fin qui sono state attivate le nostre facoltà intellettive, raziocinanti, è stata nutrita la nostra mente, non per sola virtù nostra: i doni della scienza e dell'intelletto ci hanno condotto ad una certa maggior conoscenza. Siamo riusciti, sospinti dalla pietà, dono spirituale, ad esprimere anche quanto lo Spirito ci dava di desiderare, secondo la Volontà. Ora si tratta di divenire desiderio, con tutte le facoltà affettive e volitive. Si tratta di "provare" col cuore. Ora, nella contemplazione, il comando insistente di Gesù, a quelli che aveva chiamati "perché stessero con Lui"[81], "rimanete nel mio amore"[82] trova il suo esaudimento e la sua attuazione prioritaria su ogni volontà, decisione e attività

[81] Mc. 3, 14

[82] Gv. 15, 9.

ulteriore. Questo momento, questo intrattenersi con Lui è essenziale, anche per il seguito della vicenda: "per mandarli a predicare"[83] ; "chi rimane in me ed io in lui fa molto frutto"[84]. Anche nelle nostre logiche e dinamiche comunitarie, troppo spesso trascuriamo le ragioni del cuore, la conoscenza d'amore seria e unitiva. Tra l'intellettualismo astratto, il sentimentalismo fatuo e l'efficientismo volontarista, rimane compressa, schiacciata, l'unica conoscenza efficace e trasformante: quella del cuore. Sappiamo che, nella dinamica della decisione umana, la motivazione che nasce dall'affettività ha un peso determinante, eppure non ne teniamo conto sufficientemente. Siccome sentiamo che sentimenti ed emozioni richiedono una cura tutta particolare ed il cuore ha le sue ragioni più esigenti e coinvolgenti, prendiamo le scorciatoie razionalista, sentimentalista ed efficientista, per con-vincere. In realtà non produciamo vere e stabili conversioni fin tanto che non riusciamo a coinvolgere il cuore. Molto più spesso ci spendiamo a convincere, per dimostrazione oppure a costringere, per imposizione. Questa è un'evidenza non solo a livello interpersonale e individuale. La storia dello Spirito nella Chiesa dovrebbe avere manifestato che solo l'opera tenace e persistente dei contemplativi ha portato frutti duraturi. Segno evidente che non ci può essere un'azione valida che prescinde dal cuore. Tra la testa e le mani, il cuore è un passaggio obbligato. Nella contemplazione si tratta di passare dal "dire la preghiera", tipico momento dell'oratio, al "farsi preghiera", con tutto il nostro essere, a partire dal cuore. La stessa oratio, come abbiamo detto, tende a sfumare il ragionamento, il discorso, per abbandonarsi nell'amen, al silenzio accogliente. Contemplare è accogliere Dio nel silenzio. "Che cosa accade nel cuore di questo silenzio? Niente altro che una discesa sempre più vertiginosa nelle profondità del nostro cuore dove abita quel mistero di silenzio che è Dio. Ecco perché bisogna tacere, ascoltare, guardare con amore pieno di desiderio. Se almeno sapessimo guardare con tutte le profondità del nostro essere il volto di Cristo… allora saremmo abbagliati da questo Volto che non assomiglia a nulla di ciò che possiamo immaginare. La perseveranza nella preghiera non ha per fine di mostrarci questo volto all'esterno, ma di farci penetrare in noi stessi abbastanza profondamente

---

[83] Mc. 3,15

[84] Gv. 15, 5.

perché esso emerga dalla nostra interiorità. Kierkegaard si è molto avvicinato a questo mistero della preghiera quando dice: 'la preghiera non è fondata in verità quando Dio sente ciò di cui lo si prega. Essa lo è quando colui che prega continua pregare fino a che sia lui stesso a sentire ciò che Dio vuole. Colui che prega veramente non fa che ascoltare'. È dunque nell'interiorità di questo silenzio che sgorga la nostra preghiera, è un lungo grido silenzioso, un lamento, un gemito che trasforma tutto il nostro essere in preghiera"[85]. Questa discesa nell'interiorità dell'orante, da cui sgorga come sorgente zampillante la preghiera senza più parola, senza velleità di discorso, ma fatta di puro desiderio, di accoglienza, di ascolto, ci permette di incontrare realmente Chi, cercandoci per primo, si è fatto più intimo a noi di noi stessi. "Se pensate a questo allora sentirete Dio come quel mendicante di amore che bussa alla porta della sua creatura. E quando il fiat della vergine Gli ha permesso di riprendere dall'interno la creazione egli bussa al cuore di ciascuno di noi. 'Egli scende - dice Nicola Cabasilas - ricerca lo schiavo che ama; lui il ricco viene incontro alla nostra povertà, si presenta da sé, dichiara il suo amore e prega di essere ricambiato. E respinto non si formalizza, ma attende pazientemente alla porta come un mendicante'."[86]

Il dono della sapienza del cuore è quello che può salvare il discernimento dalla "deriva intellettualistica". La conoscenza delle cose di Dio con il dono della scienza e il conseguente esercizio virtuoso, nell'applicazione allo studio, non necessariamente porta alla "sapienza del cuore". In tutta la Scrittura la sapienza è del cuore, sede eminentemente unitaria, centrale e totalizzante dell'essere umano. Il cuore è l'organo della vera conoscenza di Dio-Amore. In quel luogo riposto e centrale Dio incontra l'uomo, l'uno si converte all'Altro e viceversa. Massimo il Confessore arriva a dire: "la fede rende l'uomo divino in Dio a causa del suo amore per Dio e rende Dio umano nell'uomo a causa del suo amore per gli uomini, facendo per una bellissima conversione Dio uomo per la conversione dell'uomo e l'uomo dio per l'umanizzazione di Dio; perché, secondo la Parola di Dio, Dio stesso vuole che si compia in tutti il mistero della

[85] . Lafrance, La preghiera del cuore, Monastero S. Scolastica, Civitella San Paolo, 1984, pp. 22-23.

[86] Ibidem, p. 26.

sua incorporazione"[87]. Commentando queste osservazioni M.I. Rupnik scrive "il cuore è l'organo dell'amore che coinvolge tutta la persona. Non si può amare solo nel pensiero, né solo a parole, ma neanche in atti in cui si è in realtà assenti, perché concentrati altrove, presi da mille altre cose. L'amore è totale. Amare Dio non significa solo pensarlo, né solo sentirlo o solo volerlo... Solo il cuore è l'organo che Dio ha pensato con il privilegio di conoscere amando... Di conseguenza, il cuore è capace di discernere quanto una cosa è capace di concorrere ad una vita con Dio ed è secondo la salvezza. In questo senso il cuore è selettivo... Forse una malattia alla quale siamo oggi particolarmente soggetti è proprio la paura del discernimento, della selezione oppure si è ingannati dai risultati di una scelta errata, perché non fatta con il cuore, in base a questa gnoseologia spirituale"[88]. La sapienza, tutt'altro che riducibile alla conoscenza intellettiva, sembra essere più una qualità dell'essere che tracima in esistenza. La sapienza è dono e facoltà più prossima al discernimento. Perché solo per connaturalità donata nella prossimità si può arrivare ad assumere il "sapore", il "profumo", il "lievito" di Gesù. Non basta la conoscenza delle cose sue, per ottenere tanto. Occorre la conoscenza di Lui, per frequentazione assidua, per intimità di coabitazione, per "contagio" fino a conoscerne i gusti, le preferenze. Si tratta di "stare con Lui". La conoscenza personale esige questo stare e restare insieme, nella gratuità, nell'accoglienza, nell'ascolto; esige l'accompagnare e il lasciarsi accompagnare. Si tratta di corrispondere al pressante invito di Gesù: "Rimanete nel mio amore"[89], sintesi estrema del suo testamento spirituale. Non ci potrà essere discernimento se non a partire da questo sguardo nuovo, sentire nuovo, "perciò oggi occorre avere il coraggio di riprendere l'insegnamento antico che affermava che l'uomo battezzato, riacquistando il sensus cordis, il senso del cuore ha una gnoseologia nuova, diversa, purificata"[90].

La Madre icona perfetta, sede della Sapienza

---

[87] Massimo il Confessore, Ambigua 7, PG 91 citato da T. Spidlìk e M.I. Rupnik, Teologia pastorale a partire dalla bellezza, Lipa, Roma 2005, p. 330.

[88] Ibidem, p. 345.

[89] Gv.15, 9

[90] M.I. Rupnik, op. cit., p. 345.

Nessun libro, nessuna biografia, neppure un vivo racconto autobiografico può dare conoscenza profonda e sintonia con la persona nella sua realtà più intima, nella sua verità indisponibile e vera. Quella confidenza per la quale si diventa simili all'amico viene solo dopo aver "mangiato tanto sale insieme", dice un vecchio adagio della mia gente. Farsi discepoli, come fu in gradi diversi per i Dodici, significa non solo vedere i segni, fruirne per sé, ascoltare le parabole o i discorsi, come le folle, non solo chiedere e ricevere la meditazione, la spiegazione e l'attualizzazione da Gesù stesso, "non appena rientrati in casa", ma il camminare con Lui, mangiare con Lui, abitare "in casa sua". Occorre l'esercizio continuo della contemplazione che è conoscenza per assimilazione, cuore a cuore, per diuturno permanere in Lui. Solo in questo modo può esserci concesso l'uso e la crescita nel dono della sapienza. L'esercizio che ci rende abilitati all'uso del dono, è certamente la contemplazione dell'azione di Dio, delle meraviglie da Lui compiute. Secondo l'evangelista Luca, modello di questa attitudine contemplativa è Maria nella visitazione e nel magnificat. Da una contemplazione orante delle Scritture, la Madre che aveva concepito il Verbo prima che nella sua carne, nella sua mente e nel suo cuore, come dice Agostino, esulta assaporando i gusti di Dio per i piccoli, scruta le prospettive storiche di un rinnovamento totale, quasi una nuova creazione per grazia. Condivide l'azione salvifica immedesimandosi nel Suo progetto d'amore. Lì dove si trova, per un servizio di solidarietà, si fa testimone della Carità. È stata condotta a tutto questo, e nella sua lode si percepisce, dal ripetere in continuazione le meraviglie di Dio. Testimoni di questa ineffabile esperienza di Dio, del Suo stile, delle Sue scelte e dei Suoi concreti progetti sono i mistici. La storia della mistica è testimonianza di straordinaria fecondità per il rinnovamento della Chiesa intera. I più grandi mistici e contemplativi sono stati uomini e donne che hanno promosso riforme non solo spirituali e morali, ma strutturali e pastorali di portata epocale. Solo per esempio, ricordiamo santa Caterina da Siena ed il suo impegno per la pace civile e la riforma della Chiesa; santa Teresa d'Avila e l'opera intensa ed efficace per la riforma del Carmelo; Madre Teresa di Calcutta e la fiamma di carità contagiosa da lei sprigionata per soccorrere, riscaldare e consolare i più derelitti del pianeta in tutti i continenti. Sono solo esempi di ciò che sempre è stato presente nella storia della Chiesa e attuale nella storia della santità: solo dalla contemplazione nasce la fecondità delle opere e dell'annuncio testimoniale. L'agostiniano "contemplata aliis tradhere" è un imperativo, ma prima ancora è una osservazione storica di una chiarezza tale che dovrebbe muovere a rifuggire dall'agitazione e rendere disponibile al silenzio della contemplazione chiunque volesse "fare qualcosa di bello per il Signore".

Se la scienza è la conoscenza delle cose di Dio, dono fatto per l'intelligenza della fede in misura eminente ai teologi, la sapienza è dono fatto in maniera straordinaria ai contemplativi e ai mistici, che sono entrati, con il cuore, nel cuore di Dio. Dalla sintonia con il cuore e la volontà di Lui traggono tutta l'energia e l'efficacia delle loro decisioni e della loro azione. Non ci sono uomini e donne d'azione tanto creativi ed efficaci quanto i contemplativi veri.

I cambiamenti epocali frutto e opera dei contemplativi

Solo il genio della santità contemplativa sarà capace di quella creatività e di quella sintesi che esige e attende la sete di cambiamento della nostra epoca, come è sempre stato, nei passaggi cruciali della storia dell'uomo e della Chiesa. Nella contemplazione tutto l'uomo, con tutte le sue facoltà finalmente raccolte, sta sotto la luce di Dio. Il timor di Dio lo ha fatto attento a non perdersi dietro le vicende del mondo e a non smarrire la strada della santa Volontà che deve guidarlo; si è messo all'ascolto e forse anche raccolto insieme fisicamente o idealmente con i fratelli nella stessa fede; con il dono dell'intelletto ha cominciato a cogliere, con immediatezza, dentro situazioni ed eventi, i nessi che danno continuità alla volontà del Padre; con applicazione alla riflessione, ha approfondito il senso e la direzione di quanto è chiamato a fare; la preghiera espressa davanti al Signore, per chiedere o lodare, ringraziare o supplicare, ha aperto il cuore agli orizzonti di Dio.

Ora la contemplazione raccoglie tutto l'essere osservante, raziocinante, intuitivo, discorsivo e lo fa tacere, perché la fantasia rappresentativa metta sotto il "potere" dell'Amore l'intero essere dell'amato. L'emozione interiore, la commozione spirituale, la consonanza con l'Amore fa dell'amato "un essere che gli sia simile". Solo a forza di contemplazione si torna all'unità originaria, all'integrità, altro nome della santità voluta dal Creatore. La prossimità al suo Cuore ne sintonizza i palpiti e i sentimenti, solo intrattenendosi con Lui nel nuovo Eden della contemplazione. Solo la contemplazione può portare alla maturità d'amore chi potrà dire finalmente: "non sono più io che vivo, ma Cristo che vive in me"[91]. Ora, se a livello personale questo è l'imperativo del credente che aspira doverosamente alla santità, quanto più per la Chiesa nel suo insieme? Per non tradire ciò per cui c'è al mondo, non deve ampliare gli spazi della contemplazione, in ogni dimensione del suo vivere? La Nuova Evangelizzazione non può prescindere da questa dimensione contemplativa. È richiesto, per l'impresa, un vero surplus. Ritengo che questa dimensione dello spirito e della preghiera, per logica storica di opportunità date, paradossalmente dovrà essere necessariamente più intensa di quella che ebbero i primi evangelizzatori. Gli apostoli avendo avuto l'opportunità di stare col Verbo, in carne ed ossa per almeno tre anni, ebbero fisicamente facilità a constatare le sue opere, udire i suoi discorsi, contemplare il suo volto. Noi abbiamo l'opera del suo corpo mistico ecclesiale, il vangelo in cui Egli parla nella contemporaneità dello Spirito, la sua Presenza sacramentale da accogliere e contemplare, ma è indubbio che, davanti a questi segni, il nostro silenzio dev'essere più intenso, il nostro desiderio più forte, la nostra attesa più fervorosa, il tempo più prolungato, l'amore più ardente, il nostro stare davanti a Lui più compreso del mistero. San Giovanni Paolo II, apostolo primo della nuova evangelizzazione, ne parla in questi termini inequivocabili e fermi: "Gli uomini del nostro tempo, magari non sempre consapevolmente, chiedono ai credenti di oggi non solo di parlare di Cristo, ma in certo senso di farlo loro vedere. E non è forse compito della Chiesa riflettere la luce di Cristo in ogni epoca della storia, farne risplendere il volto anche davanti alle generazioni del nuovo millennio? La nostra testimonianza sarebbe, tuttavia, insopportabilmente povera, se noi per primi non fossimo contemplatori del suo volto.". [92]

Ogni nostro tentativo di udire, vedere, toccare, necessario alla testimonianza, sarebbe disperato, senza la grazia di un dono dall'alto. "Chi ha conosciuto il tuo pensiero, se tu

[91] Gal. 2, 20.

[92] NMI, 16-28.

non gli hai concesso la sapienza e non gli hai inviato il tuo santo Spirito dall'alto?"[93]. Già la sola conoscenza è frutto che ha bisogno del dono della scienza, tanto più l'esperienza viva di Lui ha bisogno di ulteriore dono. La sapienza non può essere frutto di tecniche o discipline interiori. "Ma infine in noi sarà infuso uno spirito dall'alto; allora il deserto diventerà un giardino e il giardino sarà considerato una selva"[94]. Isaia è unico nel descrivere quali trasformazioni epocali e cosmiche può provocare lo Spirito che viene, ma altrettanto ci tiene continuamente a ribadire i percorsi e le dinamiche dello Spirito e dei suoi doni. Mai lo Spirito agisce al di fuori dell'uomo, sempre da dentro di chi lo accoglie, per cambiare intorno, senza confine e limite di azione salvifica, prodotta sempre e solo a partire da chi lo riceve.

L'"acqua", la "luce", il "sapore", il "profumo", il "lievito" nella teologia di Giovanni e in quella di Paolo, sono le metafore che indicano il Dono della "sapienza che viene dall'alto". La mèta della Sua corsa è il cuore dell'uomo, per l'A.T. il centro esistenziale dell'unità della persona umana, principio integratore e propulsore. Quando la conoscenza di Dio e dei suoi progetti d'amore, attraverso il dono della scienza, apre l'intelligenza dell'uomo e, col dono della pietà, l'uomo viene condotto nella conversazione di fronte a Dio-Trinità, egli trova naturale e necessario il silenzio contemplativo. La Sapienza increata ed eterna del Verbo prende possesso del centro del suo essere e la persona tutta "esprime la sapienza"[95], perché "la Legge del suo Dio è nel suo cuore e i suoi passi non vacilleranno"[96] fino al discernimento e alla decisione.

Dopo essere stati a lungo di fronte a Dio-Amore, per contatto d'assimilazione si è trasfigurati "di gloria in gloria". È quasi per contagio che si sprigiona dalla persona del contemplativo la luce, il fermento, il sapore, il profumo di Lui. Se il dono della pietà si esprime di fronte a Dio, in lode, ringraziamento, invocazione o intercessione, la sapienza è già di fronte agli uomini, ai fratelli che il Signore ci mette accanto e per loro

---

[93] Sap. 9, 17.

[94] Is. 32, 15.

[95] Prov. 10, 31.

[96] Sal. 36, 31

riflettiamo la luce di Lui. Coloro che sono chiamati a farsi dono di presenza e di servizio per quelli che il Padre ama, ora, nella contemplazione, assimilano, come per contagio, lo stile, gli atteggiamenti del Figlio prediletto e gradito al Padre, il Sì eterno, l'Amen pronunciato nel tempo con carne di uomo. I contemplativi, senza sforzo, cuore a Cuore, battono all'unisono con il Suo, si fanno eco dell'armonia dello Spirito.

Il peccato ha distaccato, ha disgregato quanto era "costituito in unità". La fretta e l'ansia della vita odierna, non consentono neppure di elaborare il vissuto, in quanto non concedono tempo per seguire i movimenti interiori che ci costruiscono dentro. La composizione del-l'io spirituale avviene intorno al nucleo centrale dell'essere, a ciò che v'è di più stabile e continuativo. L'agitazione e la fretta fanno sì che in realtà "siamo vissuti" dalle faccende, "siamo agiti" dalle azioni nostre d'ogni giorno, senza che queste ci facciano crescere nell'esperienza e nell'interiorità. È un vero peccato! Forse il peccato più diffuso in un'epoca incapace di inattività, di silenzio, di interiorità. Disgregati e disorganici, nelle cose che facciamo, abbiamo bisogno di ritrovare il centro, di ridare, da questa prospettiva, senso a tutto. Ne abbiamo vitale bisogno, per non morire come persone, come io, soggetti dello stesso agire, esseri capaci di crescere in una storia. Questa integrazione non è possibile da fuori, va operata da dentro. La prima integrazione da promuovere è proprio quella interiore e personale. Ciò accade come in direzione opposta alla disgregazione del peccato antico e di sempre. L'accorgersi d'esser nudi denuncia una dissociazione creata dal peccato; successivamente l'allontanamento, per vergogna dal simile e da Dio, per paura manifesta quella prima dissociazione dell'essere umano. La salvezza e la reintegrazione stanno nel movimento opposto di riavvicinamento da parte e per iniziativa di Dio. È il processo d'incarnazione che si conclude con il mistero del concepimento del Verbo in Maria, ma comincia con l'inizio della Rivelazione. Da parte di Dio ciò è avvenuto in maniera irreversibile, indefettibile ed universale, nel mistero dell'incarnazione, passione, morte e risurrezione di Gesù. La contemplazione del mistero nella contemporaneità-attualità dello Spirito lo attualizza. Da parte dell'uomo la rispondenza che rende efficace l'avvicinamento del Padre sta nel lasciarsi raggiungere dal Figlio che lo cerca. In Gesù s'è effettuata la sua corsa incontro a noi e, col suo Spirito, fin dentro di noi promuove un ritorno a Lui. Tale ritorno comincia col renderci disponibili nella contemplazione, lasciarci raggiungere dalla sua grazia in maniera quasi sensibile, corporea. Solo la contemplazione può farci ritrovare il centro dell'unità interiore. Nella passività di chi si lascia raggiungere e portare dallo Spirito, fino alla contemporaneità col Verbo, ad udire, vedere, toccare la rivelazione del Padre in Lui, l'uomo non solo ritorna quell'essere fatto ad "immagine e somiglianza" della Trinità, ma di più, partecipe della stessa vita del Padre, comincia a consonare con il Figlio, ne assume gli atteggiamenti, ne adotta i comportamenti, per imitazione, per accolta prossimità. Nella singola persona tutte le facoltà dell'essere umano ritrovano il centro in cui è stato creato come "luogotenente" del creato e in cui è costituito figlio di Dio: tale centro è Cristo. "Poiché per mezzo di lui sono state create tutte le cose, quelle nei cieli e quelle sulla terra, quelle visibili e quelle invisibili: Troni, Dominazioni, Principati e Potestà. Tutte le cose sono state create per mezzo di lui e in vista di lui."[97]

Ricentrarsi su Gesù e prendere forma nuova

Gesù non è solo il centro del creato, per Lui fatto uni-verso. Deve diventare il centro anche dell'universo interiore, dagl'inferi dell'inconscio fino ai cieli alti delle idealità spirituali. È questa la via per la quale Egli vuole passare "per riconciliare in Sé tutte le cose"[98]: la via del cuore dell'uomo. Il contemplativo è l'essere pacificato. È attratto e come richiamato fortemente al suo centro più profondo, al principio del suo proprio essere, senza dispersioni di energie e facoltà in direzioni disordinate ed errate. Egli è vigile sull'Unico e, grazie a questa vigilanza, è nella padronanza di sé e di tutto. In quanto lo stesso tutto che lo circonda ritrova senso a partire dal centro. Il creato ridiventa uni-verso dentro l'ambiente interiore unificato e pacificato del credente contemplativo, perché ricentrato in Dio.

Questa ritrovata unità al suo Centro anche nel contemplativo è continuamente minacciata da dispersione, e la minaccia oltre che dal peccato, nasce anche come tentazione da fuori, dalla dispersione del mondo e perfino dai fratelli. Solo essere sotto lo stesso vangelo, guidati dallo stesso Spirito può fare uni-verso della dispersione

---

97 Col. 1, 16.

98 Col. 1, 20.

presente perfino nella Chiesa.

In ogni credente che si fa contemplativo è possibile ravvisare un riflesso della sapienza divina, è possibile gustare un sapore che non è da sé. Come il sale non può far a meno, per essere gustato, di confondersi con i più diversi sapori esaltandoli, così è del sapore, del profumo, del lievito di Dio che è la sapienza. Della Sapienza increata confessiamo che s'è fatta carne per proporsi agli uomini e poter essere così solamente accolta da alcuni. Il modo di vivere da cristiani, ciò che confessiamo nella fede sull'incarnazione è quello di completarne il processo oggi, nel tempo della Chiesa, a vantaggio dell'umanità. Il ministerium incarnationis derivante strettamente dal mysterium incarnationis, deve necessariamente iniziare dalla penetrazione lenta e profonda nella Parola che ci è stata donata, perché possa riesprimersi non solo nelle parole umane che la proclamano, ma in tutto il nostro essere, a partire dal cuore in cui volentieri ci si intrattiene conteplando. Solo per l'inseminazione dello Spirito la Parola può essere generata nel seno delle concrete comunità e, per esse e per la loro presenza nel territorio e nell'humus della storia. La storia concreta con le sue insorgenze, le sue contraddizioni provoca quelli che credono ad una fedeltà dinamica e crescente. Ognuno in prima persona è chiamato ad approfondire l'esperienza di Dio presente nella Scrittura. Questa chiamata udibile quasi con immediatezza per chi ascolta, conduce al cuore della preghiera, della contemplazione davanti a Lui. Solo nel momento in cui, dall'abbondanza del cuore del credente contemplativo, s'effonde il dono della sapienza sulla comunità, questa lo riceve e lo partecipa nella reciprocità. Quando la Parola ha raggiunto il cuore del credente contemplativo, da lui arriva al cuore di chi ascolta: "cor ad cor loquitur". Per tracimazione di grazia, (ex abundantia cordis) la Parola può raggiungere l'altro nella sua interiorità; non esiste altra "trasmittente" efficace. Si parla molto di come comunicare il vangelo, questa mi pare essere la prima regola. Nel momento in cui un credente, uditore della Parola e contemplante parla di ciò che ha "sperimentato", allora risuona la Parola viva ed efficace del Signore risorto nella comunità. Egli è vivente nella storia attraverso la comunità che è suo Corpo e qui può parlare, solo dopo aver sussurrato al cuore di ognuno. La Parola venuta nella carne e nel sangue di Gesù di Nazareth ora, nel tempo della Chiesa, prende corpo nel "seno" e nell'intimità del cuore di chi si fa discepolo; si fa carne e vita nella contemplazione dei credenti. Subito dopo la contemplazione verrà il momento di ritrovarsi, ciascuno con il dono ricevuto, con ciò che è stato "udito", "visto", "toccato" nella contemplazione personale.

Il tempo ed il luogo più certo è nella liturgia

Il momento più alto della contemplazione ecclesiale è la liturgia. Qui si rappresenta al vivo il dramma della salvezza a vantaggio di chi crede e vi partecipa. Anselm Grün, raccogliendo i risultati della psicologia del profondo e nella più sana teologia dell'eucarestia, dice: "O. Casel, con la sua teologia dei misteri, ha fatto conoscere la comprensione protocristiana dell'eucarestia. L'eucarestia è la celebrazione dei misteri di Gesù Cristo. E celebrando i misteri di Gesù Cristo vi prendiamo parte e con noi e in noi si verifica la salvezza verificatasi una volta per tutte nella morte in croce di Gesù (...). Romano Guardini ha elevato il concetto di mistero su un altro piano, quando ha scritto un capitolo sulla liturgia come rappresentazione. Guardini dimostra come la liturgia sia un agire senza finalità applicative. Essa non ha degli intenti educativi e neppure didattici (...), la liturgia crea un vasto mondo e lascia che l'anima si muova e sviluppi in esso.

La liturgia quindi è rappresentazione della nostra esistenza o vita redenta. In essa noi esprimiamo, in una sacra rappresentazione, chi siamo, chi siamo diventati per mezzo di Gesù Cristo. Il primo scopo della liturgia non è quello di educare né quello di istruire e neppure quello di migliorare e di cambiare, bensì quello di rappresentare quello che noi siamo, quello di rappresentare il nostro essere di uomini redenti. Guardini continua a sottolineare il primato dell'essere, che trova espressione nella liturgia, su qualsiasi operare. Chi entra e si immette nella liturgia, deve dimenticare ogni uso funzionale dell'essere, deve imparare a sprecare tempo per Dio, ad avere e adibire parole, pensieri e gesti per la rappresentazione sacra, senza continuare subito a domandarci: per quale scopo e perché? Non volere sempre fare qualcosa, conseguire qualcosa, portare a termine qualcosa di utile, bensì imparare a compiere in libertà e bellezza e santa allegria davanti a Dio la sacra rappresentazione della liturgia. Perciò è già un risplendere e apparire della vita divina che Dio ci ha donato e si esprimerà nell'eternità come sacra rappresentazione ed eterno inno di lode"[99]. La liturgia quale dimensione contemplativa più completa della nostra vita di fede, è il luogo ed il tempo in cui veniamo più efficacemente trasfigurati. Senza voler perseguire primariamente e per se stessa tale trasfigurazione, percepiamo meglio che in ogni altro momento che essa è grazia e pura bellezza donata e di cui stiamo già godendo. In umiltà accettiamo e ci apriamo alla salvezza per grazia. Gradualmente veniamo acquisendo i gusti, il sapore, il profumo di Cristo, gradito al Padre. Se conversione ci può essere, per chi crede l'unica via praticabile è quella in cui la Parola conservata a lungo produce i frutti, quella per cui i nostri sensi interni toccano, vedono, sentono ciò che riguarda il "Verbo della vita", d'altra parte conversione è, prima di ogni altra cosa, metànoia, cambiamento di testa, cambiamento di rappresentazione del mondo, assunzione di altri criteri di giudizio-discernimento, per decidere ed agire conseguentemente. Mai avviene cambiamento di visuale, mai può stabilmente avvenire alcun cambiamento di comportamenti ed atteggiamenti, in altro luogo e tempo che nel luogo e nel momento della contemplazione. Veniamo trasformati per contemplazione, oppure i nostri sforzi etici o spirituali volontaristici sono destinati a fallire. Restano ridicole velleità.

Sta qui la crisi più profonda della nostra epoca: per quanto s'invochi un cambiamento verso una nuova figura di uomo, ci si allontana da questa prospettiva nella misura in cui paradossalmente se ne parla e si riducono gli spazi della contemplazione, della mistica.

[99] A. Grün, Eucarestia rito che trasforma, ed. Messaggero, Padova, 2004, saltim 66-68.

6. MOLTIPLICARE IL DONO PARTECIPANDOLO

Nella collatio, con il consiglio, s'arriva al discernimento unanime.
La comunicazione solo frutto di grazia.

Abbiamo detto quanto la ricchezza e l'efficacia della comunicazione (collatio) dipende dal raccoglimento del momento contemplativo che la precede, ma qui sentiamo il bisogno di ripeterlo: la ricchezza di tutti dipenderà dal raccolto di ognuno. La comunicazione farà crescere l'esperienza dello Spirito che parla alle Chiese in misura certamente più abbondante e piena che al singolo credente. È in questa sinergia di intenti, di progetti, di tensioni purificate nel cammino precedente che lo Spirito può plasmare i lineamenti della Sposa, per il suo Signore. Soprattutto attraverso la comunicazione franca ed aperta, positiva e costruttiva si riconosce il bene che il Padre ha effuso in ognuno. Senza più pregiudizio, malizia, contesa, rancore e interessi estranei al centro ormai posseduto e purificato dalla contemplazione del Santo, si costruisce quella comunione che è fondata sul "convenire in Unum", in Cristo, in cui si va ricapitolando l'intero "uni-verso".

È questo il momento di una vera redditio fidei. Dopo il percorso di illuminazione, è venuto il momento di rendere lode a Dio davanti ai fratelli, con gratitudine e senso del limite. Si tratta di entrare in questa dimensione spirituale nuova del comunicare tra fratelli. Bisognerà rivedere alcune errate convinzioni "logiche". La prima è che il rispetto, la stima, la comunione con l'altro che il Signore ci pone davanti e a fianco, siano i presupposti di tale comunicazione, che sia indispensabile una certa affinità, una simpatia tra le persone. La comunicazione che nasce dallo Spirito, invece si regge solo sulla iniziale comunione di fede. Non è necessaria l'amicizia umana e l'affinità elettiva. La fraternità che verrà come risultato, se si avranno pazienza e perseveranza, non può essere richiesta come precondizione. A cosa servirebbe la grazia se la natura raggiungesse l'esito della comunione tra i diversi? Il risultato può venire solo dall'esperienza di una consonanza graduale e sempre più intensa e profonda dello Spirito con Se stesso presente in tutti. Questa possibilità di comunione e sintonia non nasce da buona volontà dell'uomo naturale; essa è frutto prodotto dai doni e dall'opera dello Spirito, nell'animo di coloro che Gli concedono la possibilità di esprimersi nello spazio contemplativo del silenzio e della solitudine. Anche qui il primato è della grazia. La seconda convinzione da rivedere è che l'efficacia del consiglio, nell'accoglienza da parte degli altri, venga dalla capacità di comunicarlo in maniera plausibile e ragionevole oppure dall'autorevolezza di chi lo trasmette. Non possiamo dare per presupposte quelle realtà quali l'accoglienza delle altrui diversità, prima di "mettersi in gioco" con l'altro. Occorrerà invece che tutti coloro che si fanno reciprocamente dono del consiglio facciano credito alla Parola e lascino allo Spirito che faccia il suo "gioco", in noi e negli altri nello spazio della contemplazione. Presumere di farcela da soli nella comprensione reciproca dei diversi è davvero un peccato che produce disperazione e naufraga necessariamente nella dispersione. Per la fretta di arrivare a conclusioni e decisioni operative, per desiderio di chiarimento immediato, per prevalere col personale parere, si praticano scorciatoie, si salta la necessaria e paziente contemplazione quasi fosse facoltativa o dilazionabile. È un errore fatale proprio al fine di decisioni cui tutti convengano e operino concordemente, dunque indubitabilmente con maggiore efficacia. Il consiglio, come dono dello Spirito, vorrebbe far convergere i fratelli in unità e sintonia sulla volontà del Padre, come unico interesse che li anima. L'unificazione, l'integrazione dei diversi mondi interiori in universi comunitari è la comunione più profonda. La "comunione già" è solo la Trinità. Nessun altro può dare ciò che non ha! Per questo la contemplazione è un passaggio obbligato. Ma altrettanto doveroso è il momento della collatio di cui stiamo parlando che dovrebbe scaturire e tracimare, con naturalezza, dalla contemplazione, "ex abundantia cordis". È un dovere di restituzione, è il "debito" del vangelo ricevuto, secondo Paolo. Unico debito vicendevole tra i credenti. Questo momento della collatio inteso e praticato nel senso più stretto e proprio della lectio è la partecipazione di tutti i suggerimenti, le mozioni interiori e spirituali decantate, purificate dal fuoco d'amore della contemplazione.

Edificarsi vicendevolmente nella verità

I credenti si fanno dono dei frutti dello Spirito, nella carità più sublime che è il servizio vicendevole e di tutti alla verità. Senza presunzione di possederla interamente, senza pretesa di imporla, ciascuno, proprio per un dovere di riconoscenza, per il dono ricevuto, raccoglie insieme ai fratelli quanto lo Spirito ha partecipato, per la crescita di tutti. Ognuno esercita ora come consiglio quanto ha già ricevuto come sapienza. Lo fa nell'esortazione, nella correzione, nella consolazione, nell'incoraggiamento. In questo ministero della fede esercitato da adulti nella comunità, ognuno può contribuire alla implantatio ecclesiae. Ognuno in prima persona è chiamato ad approfondire, con responsabilità adulta (questa è la prima forma di corresponsabilità!), l'esperienza di Dio presente nella Scrittura e a farlo nella preghiera e nella contemplazione di Lui. Ma è solo nel momento in cui ciascuno, dall'abbondanza del cuore, effonde e riceve il dono di luce e di calore della sapienza che, nella coralità della Chiesa, risuona la Parola viva ed attuale del Risorto vivente e presente col suo Corpo nella storia.

Ineludibile via all'unità, questo momento della collatio, nelle fraternità religiose, nei consigli delle parrocchie, delle diocesi, tra chiese particolari, tra le differenti confessioni cristiane. Convenire in Unum significa scoprirLo presente e concentrarci sul Verbo che cresce in noi e in mezzo a noi, nei fratelli. Da tutti già conosciuto, ma soprattutto contemplato, ora ci si sorprende a riconoscerLo unico, comune denominatore.

Solo sotto Lui si può accettare di sentirsi giudicati e, al Suo seguito, proporsi come "luce" al mondo, come "sale e lievito", come fermento buono, per l'animazione di tutti i processi d'integrazione in Lui. Scoprire ogni volta questa unità profonda nel nostro essere in Lui, ci svela anche il senso del nostro esserci al mondo. Ciò non avverrà mai, se all'interno non si opera alla stessa maniera, a cominciare dallo scambio, dalla partecipazione dei doni e dei frutti dello Spirito! Credo fermamente e per esperienza personale che la comunione è una parola vuota, se la sua costruzione, la sua crescita non passano attraverso il consiglio e la partecipazione. La partecipazione prima è la condivisione del bene spirituale più prezioso, lo Spirito dato a tutti e accresciuto nella contemplazione, cresce ancora nel comunicarsi reciproco, per la grazia della comunione dei santi in Cristo e nello Spirito.

È nel momento in cui la sapienza ricevuta da ciascuno si fa consiglio tra i convenuti che il Verbo viene alla luce sempre più nel suo Corpo ecclesiale. La Parola venuta nel mondo nella carne e nel sangue di Gesù di Nazareth, ora nel tempo della Chiesa prende corpo. La comunità dei credenti cresce mentre i fratelli si edificano reciprocamente, col dono del consiglio partecipato a ciascuno dallo Spirito. Per esprimere la sapienza che l'anima, la Chiesa dovrebbe esercitarsi di più nella collatio. Edificandosi e correggendosi a vicenda, col dono del consiglio, i fratelli crescono nella partecipazione dei frutti spirituali che derivano dal sacramento della Parola, non meno che dal Pane eucaristico.

Questo è il momento in cui, per la ricerca comune della volontà del Padre, si diventa compagni (cum-panis, nel senso etimologico più pieno), perché il pane della Parola dato a ciascuno nello Spirito viene partecipato tra i fratelli, quasi nella convivialità e nella gioia della compagnia spirituale. Questa comunione nella Parola rende più autentica, se non più efficace la stessa comunione con il Corpo del Signore. In questo si attua l'insistente invito dell'apostolo: "Confortatevi dunque a vicenda con queste parole"[100]; "Perciò confortatevi a vicenda edificandovi gli uni gli altri, come già fate"[101]. Solo così la Parola può fare il suo percorso completo fino all'esito di farsi carne e sangue nella vita della comunità che si va facendo conforme a Gesù, come suo Corpo nell'unità delle sue membra. Ciò avviene solo per la circolazione dello Spirito e della Parola, non ci sono scorciatoie, tecniche, giuridiche, psicologiche o morali. Il lungo fallimento dei consigli a tutti i livelli dovrebbe aver insegnato almeno questo.

Questo della collatio in cui si esercita il consiglio è il momento in cui risplende la guida dello Spirito e il primato della grazia nella comunità, non della "sapienza" umana dei dotti e dei furbi, del buon senso, del comune modo di pensare e di esprimersi, dell'ideologia egemone o dell'interesse prevalente. Qui la sapienza della croce viene sovraesaltata e glorificata dalla bocca dei piccoli, dei poveri, dei semplici che reciprocamente se ne fanno dono arricchendo ciascuno del dono fatto all'altro.

Il servizio della verità è il dono eccellente della carità

[100] I Tess. 4, 18

[101] I Tess. 5, 11

Dovrebbe cessare il discorso altisonante, il parlare forbito, l'ostentazione d'un sapere che confonde. La sola citazione ricorrente è la Scrittura ascoltata, compresa, contemplata, già risuonata nell'interiorità di ciascuno che, ora nella Chiesa, si fa profezia nella bocca di credenti che l'hanno assaporata, nel dolce e nell'amaro, fino alle viscere. Non è una profezia che offende che, anzi penetrando, per discernere "tra le giunture e le midolla", lo fa per risanare e guarire. Qui è d'obbligo e risulta perfino spontaneo non esprimersi mai per antinomie, contrapposizioni, contraddizioni, con avverbi e congiunzioni avversative così frequenti nel chiacchiericcio abituale che diviene subito contraddittorio e dialettico (io invece penso che…; a me però pare…; diversamente da voi io…; invece io dico…). È il luogo del conversare fraterno nella sincera e rispettosa ricerca del bene che è nell'altro, per il meglio di tutti: cosa piuttosto fuori dal comune nell'umano consorzio! Questa attitudine non è fondata su un velleitario, un po' ipocrita irenismo che vuole ignorare le differenze, ma su una convinzione teologica che lo Spirito non può andare contro se stesso. Su questa Sua azione certa è fondata la serena convinzione di chi propone ciò che la contemplazione ha ispirato. Senza presunzione se ne fa dono a chi, come noi, si è reso disponibile allo stesso Spirito. Ma ancor di più, dal momento che la Verità è Amore, per non contraddirsi, non può che esprimersi secondo l'adagio, "veritas in dulcedine charitatis". In questa qualità particolare o forse unica della comunicazione si impara pazientemente a coniugare perfino gli opposti, con la convinzione che la verità è inesauribile e si può solo far risuonare sinfonica, per comprenderne veramente la melodia e il bello in essa.

Nella misura in cui la comunicazione procede verso l'interiorità, procede anche verso la comunione di vita. Tutto questo non deve conoscere la fretta, radice d'ogni violenza, con tutta la soavità, la discrezione e la pace dello Spirito. Questa strada educa all'attesa dell'altro come dono, educa alla pazienza di Dio, la pazienza del contadino.

Questo atto di amore paziente rafforza i legami di fraternità creati dall'amore di predilezione sponsale che il Signore ha per la sua Sposa. Qui, in maniera dolce e suasiva, lo Sposo, attraverso i suoi amici, le parla, la consola, la corregge, la pro-voca a proseguire, la purifica, la attira a Sé. La lettura comunitaria dei fatti, è volta ad individuare le tracce dello Sposo nella notte, a spiarne la mano che tenta di aprirsi un varco, per entrare nella casa e nel cuore dell'umanità addormentata, è tesa ad ascoltare il suo battito alla porta[102]. La lettura sapienziale della vita personale e comunitaria viene dopo che la scienza ci ha istruito sull'inedita capacità di andare oltre ogni limite, oltre ogni sconfitta o scandalo. Ci induce a constatare che le zone d'ombra si ritirano all'avanzare della Sua luce. Egli ha trasformato le tenebre in luce e la morte in aurora di vita nuova. La sapienza di Dio che riempie l'universo può molto di più di quanto sia lecito desiderare e domandare. È questa sapienza che è, amore effuso, sapienza della croce, del Risorto, dell'Agnello che solo, ritto sul trono, ha il potere di aprire i sigilli, che può parlare alle Chiese. La croce gloriosa è il critèrion, il metro, la chiave, la misura in base alla quale è possibile giudicare delle cose della vita personale e comunitaria. Solo chi non l'ha assunta contemplando deve aver timore di parlare, consigliare ed esortare. Ognuno dovrebbe sentire invece l'obbligo di edificare i fratelli, con la propria partecipazione.

Verso l'incarnazione in una comunione sostanziale

La collatio animata dal consiglio, dono dello Spirito, è anche il momento in cui risplende il segno di una "città posta sul monte", perché faccia luce e diventi riferimento, con le sue dinamiche spirituali e comunitarie. Per tutti coloro che ricercano sinceramente la convergenza di integrazioni e riconciliazioni possibili tra gli uomini in ambiti civili, politici, economici e culturali per la costruzione di comunità solidali, il segno Chiesa in quanto tale, con la sua vita interna partecipata, solidale, organicamente integrata, dovrebbe essere una luce. In riferimento a questo sforzo degli uomini di buona volontà, anche altro è il servizio possibile e doveroso. Spesso, come è stato accennato, i documenti della Chiesa tornano sul dovere dei cristiani di discernere i "segni dei tempi". Nei confronti del mondo il servizio non sta solo nell'esempio di quanto facciamo e siamo nelle relazioni, ma anche nel servizio di un vangelo che diviene criterio di giudizio che dà senso ultimo.

Ci vien fatto di domandarci: quando si parla di discernimento del momento culturale e politico si tiene conto della complessità del percorso da fare? Si tiene presente il

[102] Cant. 5.

dinamismo spirituale ed il processo che produce tale più impegnativo e difficile discernimento? Ci si domanda come fare perché i giudizi sul tempo diventino cultura comprensibile, comunicabile all'esterno delle nostre comunità? Quando si parla, oggi sempre più spesso, di "discernimento ecclesiale", mi sembra si voglia esprimere più un'esigenza che un contenuto semantico ed esperienziale preciso. Non è neppure chiaro e condiviso il senso da dare al rapporto tra Chiesa e mondo dell'economia, della politica e della cultura. Più che disquisire sulle teorie più o meno incarnazioniste o integriste, sulla mediazione o sulla dialettica, è il caso di procedere a fare delle nostre comunità scuole di vero discernimento, palestre di partecipazione responsabile, di libertà di espressione rispettosa della diversità e di ricerca soprattutto della volontà di Dio espressa anche nei fratelli impegnati nella medesima ricerca, al di sopra degli interessi e dei tornaconti personali o di parte. Le stesse nostre comunità sarebbero già veramente alternative al sistema e segnali del "già" del Regno che viene. Soprattutto sarebbero le migliori scuole di comunione autentica. Senza assurde pretese di sostituzione sarebbero il servizio più alto e necessario alla democrazia reale.

Non ci pare il caso che la Chiesa tenda verso processi di democratizzazione, come se dovesse inseguire un ideale progetto politico. Semmai il suo spirituale riferimento è la comunione della comunità. Tuttavia, paradossalmente, la sua ricerca di comunione nelle comunità potrebbe divenire un forte fattore di crescita democratica. Il perseguimento della volontà di Dio al suo interno, con processi di discernimento, fino alla partecipazione comunitaria, può educare le persone agli atteggiamenti più giusti per una vita civile esemplare. Una comunità che raccoglie le sfide del tempo e domanda al Suo Capo e Signore luce sulla missione affidatale, come continuazione e suo Corpo nella storia e soggetto unitario, deve sapersi dare una risposta comunitaria. Solo così la Chiesa vive il mysterium incarnationis, in questo continuo esigente mynisterium incarnationis: questo servizio di incarnazione nella gestazione della Parola che per l'inseminazione dello Spirito può essere generata nel seno delle concrete comunità presenti nel territorio e nell'humus della storia. La storia concreta con le sue insorgenze e contraddizioni provoca quelli che credono ad una fedeltà dinamica e crescente.

In ambito ecclesiale parliamo troppo spesso e con leggerezza di "comunità" e "comunione": queste realtà sono ultime e mèta della storia, come tali vanno intese, come valori e realtà in evoluzione e idee dinamiche che sospingono la storia verso gli orizzonti del Regno. Oggi, come presbitero, quanto più mi domando come fare per realizzare ciò, nella piccola realtà affidatami e nella quale vivo come credente, tanto più non saprei cos'altro suggerire se non di contemplarle con assiduità nel Mistero ineffabile di Dio e solo così concedere loro lo spazio, per la realizzazione di una con-vocazione. Misteriosamente, per iniziativa dello Spirito, questa mèta ultima della storia si va facendo, nel tempo, con i processi di integrazione in diversi ambiti. I processi in cui i diversi convengono verso unità organizzative, politiche e sociali, ma di più quei processi culturali per i quali si raggiunge un comune sentire e linguaggi idonei ad esprimerlo, non sono automaticamente rivolti al Regno. Ciò avviene spesso per opera dello Spirito anche al di là dei confini della Chiesa, con la collaborazione dell'uomo che condivide "la buona volontà" di Dio.

Anche inconsapevolmente tali sforzi sono ordinati alla realtà ultima che è la pienezza di tutto in Cristo; andrebbero accolti, verificati, purificati e sostenuti dai credenti. Il discernimento continuo, tuttavia è necessario, perché possono esistere movimenti e dinamiche che solo a livello esteriore sono d'integrazione, ma nascondono l'insidia della omologazione, dell'annullamento delle differenze, della massificazione, dell'alienazione delle identità.

Verso nuove sintesi secolari animate dal genio cristiano

Occorre che la comunità dei credenti, come comunità profetica, operi un discernimento serio e continuo a riguardo: la globalizzazione oggi è la principale emergenza in tal senso... In maniera puntuale, da parte della comunità, tali processi vanno, di volta in volta, avvertiti, denunciati, promossi, educati soprattutto dai credenti, all'interno di tutte le articolazioni ed espressioni del vivere ecclesiale. Sarà molto arduo esercitare il consiglio in questi ambiti. Non è tuttavia impossibile: il laico credente si trova ad essere, per vocazione specifica, sale e lievito nel mondo; nella sua attività lavorativa, sociale e culturale, incontra persone e comunità civili toccate dalla grazia. Molto forte dovrà essere l'accoglienza e sincero l'impegno che nella contemplazione ha profuso, per riempirsi della grazia del consiglio per influire in quegli ambiti. Non mancano esempi illustri di tale esercizio virtuoso dello Spirito in ambito secolare e politico che ha prodotto frutti diversamente insperabili: nel secolo da poco concluso papa Giovanni XXIII, Giorgio La Pira, Giovanni Paolo II, G. Dossetti, d. L. Milani. Uomini così riescono ad influire con le loro parole, perché parlano al cuore oltre che alla ragione, perché svegliano il residuo di bene che è nascosto nel profondo di ogni uomo. Uomini così saranno sempre più numerosi, se nella chiesa ci si educa ad una partecipazione ecclesiale ai consigli e alle deliberazioni conformi alla volontà di Dio. A tale educazione alla partecipazione ecclesiale responsabile e adulta non è necessaria l'arte della retorica per convincere, non è necessaria la dinamica di gruppo, non sono necessarie le tecniche di comunicazione efficace. È essenziale invece educarsi all'esercizio del consiglio come dono dello Spirito che cresce e s'esprime solo dopo attento, interiore ascolto della Parola e contemplazione orante. Se, in questo clima di ascolto e di preghiera, si venisse iniziati fin dall'adolescenza, a partire da decisioni da prendere nel gruppo dei pari, ci sarebbe da sperare che, per questo esercizio abituale di libertà responsabile, un crescente numero di uomini liberi e adulti nella fede animerebbero la vita economica, sociale e politica. Impresa ben più importante che l'organizzazione delle "ossa aride" di compagini e partiti aggettivati "cattolici" o patinati di cattolicesimo astratto e vuoto. Trovo sempre incongruo, di fronte all'attuale clima culturale e politico, inseguire improbabili identità cattoliche dietro cui schierarsi, piuttosto che darsi da fare e recuperare il tempo perduto nel promuovere l'esperienza dell'efficacia totale, personale e comunitaria del vangelo presso credenti veri. Questa convinzione che non ruota intorno a valori né ad ideologie, ma intorno a Gesù Cristo non abbandonerebbe il credente neppure dentro assise, consigli e parlamenti. Osiamo pensare che avrebbe una breccia sicura dentro il cuore di uomini, che, pur non avendo alcun rapporto esplicito con l'esperienza di Gesù, certamente, in quanto creati in Cristo, sentirebbero risuonare dentro la propria interiorità parole che nascono da quella Realtà profonda che è in loro. Non è un fatto identitario, se non di riflesso. È piuttosto l'esperienza che si produce solo dopo che l'identità della persona del credente si sia realmente e sostanzialmente strutturata intorno a Gesù, centro unificatore e propulsore col suo Spirito. Questo avviene per la strada della diuturna contemplazione che nasce dentro la preghiera e prende le mosse dall'ascolto della Parola e approda necessariamente alla partecipazione, al consiglio. Il regno di Dio è una realtà che, nel suo farsi, abbraccia ogni dimensione del vivere umano. Il regno viene anche per il sacramento della Chiesa, ma occorre sempre tener presente che la Chiesa si edifica solo intorno alla Parola. [103]

Questo della collatio è un momento determinante per l'inculturazione della fede. Il processo di incarnazione del Verbo si attua nel tempo della Chiesa e diviene cultura nel parteciparsi della condivisione tra i fratelli. Come tutti, essi vivono nel tempo e in questo tempo sono tentati da anomia, da frammentazione, da perdita di un linguaggio simbolico-unitivo. Tale perdita è anche perdita di identità popolare. Ora muoversi, nel conversare spirituale della collatio, nel mondo simbolico che ci ha generato come popolo di Dio, nell'humus in cui affondano le nostre radici culturali, significa ridare linfa alla fede, farle ritrovare il suo linguaggio più appropriato, perché questa fede si possa esprimere in pienezza. La nuova evangelizzazione, se non arriva a tanto, non sarà mai completa. Il vangelo deve illuminare e dare sapore e lievito alla vita della gente, per il tramite di credenti che ne traggano continuamente vantaggio. Qui il vangelo ritenuto nella comunità, come suo ambiente naturale, attecchisce e porta frutto per la gente che vive intorno. Solo per il tramite di una vita ripensata e rielaborata nella fede i vicini, per contagio o per comunicazione esplicita possono incontrarsi col vangelo e con la sua tangibile efficacia. Questa opportunità della collatio è insostituibile nel processo di

[103] Raccolgo questa convinzione da anni di vita comune e di ministero pastorale, non trovo che sia stata espressa in maniera migliore di quanto fece D. Bonhoeffer, distinguendo e quasi opponendo l'amore psichico all'amore spirituale: "questi sentimenti nascono ambedue dalla medesima origine: l'amore psichico per natura è amore che desidera qualcosa per sé, è, cioè, brama di comunione psichica. Finché è in grado di accontentare in qualche modo questo desiderio, non vi rinuncia mai, neppure per amore del prossimo. Dove però non ha più speranza di soddisfare questa sua brama, lì è arrivato alla sua fine, cioè al nemico; si muta in odio, disprezzo, calunnia. Ma proprio qui è il punto in cui inizia l'amore spirituale. L'amore psichico si rende da sé fine a se stesso, opera, idolo che adora e al quale deve asservire ogni cosa. Cura, coltiva, ama se stesso e null'altro a questo mondo. L'amore spirituale invece, viene da Gesù Cristo, serve solo lui, sa che non ha accesso immediato al prossimo. Cristo sta tra me e l'altro. Che cosa significhi amore per il prossimo non lo so in partenza (...) che cosa è amore mi vien detto solo da Cristo nella sua Parola. Contro ogni mia propria opinione o convinzione Gesù Cristo mi dirà come si manifesta realmente l'amore per il fratello. Perciò l'amore per il cristiano è legato solo ala Parola di Gesù Cristo." D. Bonhoeffer, Vita comune, Queriniana, Brescia, 1969, pp. 9-50.

inculturazione della fede, perché i problemi, le ansie, i progetti condivisi possano farsi progetto evangelico dentro la vita delle persone e delle comunità.

Dal dono del consiglio nasce, per la partecipazione dei credenti, il frutto dell'unanimità. Posso dare testimonianza di quanto lo Spirito, attraverso l'ascolto e la contemplazione, guida e conduce i diversi dalle loro contrapposte opinioni all'unanimità. L'unanimità è lo splendore della verità, nella comunione di cui la Chiesa è sacramento. Mi è capitato, con una frequenza quasi disperante, di affrontare un problema appellando al buon senso, alla ragionevolezza, allo studio e al confronto con esperti e trovarmi con pareri contrapposti ed inconciliabili. Tutte le volte che ho seminato pareri, opinioni, giudizi, ho raccolto ancora giudizi, opinioni e pareri contrapposti e a volte conflittuali. Ho registrato divisioni tutte le volte che ho provato incollaggi e giustapposizioni fondati su affinità elettive o ideologie simili. Quando invece, per grazia di Dio, abbiamo avuto il coraggio e la pazienza di prendere tempo per pregare e riflettere al cospetto e sotto il giudizio della Parola, ci è stato fatto dono del consiglio e questo seme ha prodotto unanimità, frutto dello Spirito, in maniera sorprendente.

Anche lì dove ci sono interessi non del tutto puri o s'intuisce che ci sono irrigidimenti e rancori che si oppongono, dopo la preghiera e la contemplazione silenziosa, nasce una conversazione rispettosa e si approda ad una concordia che dà gioia e gratifica tutti. Credo sia questo ricomporsi nell'unità degli animi che Luca esalta in più momenti della sua narrazione sulla prima Chiesa.

Solo così nasce la corresponsabilità di laici pensosi e critici

A molti, dopo il Concilio Vaticano II, è sembrato di poter ammodernare o aggiornare le strutture ecclesiali con processi di democratizzazione. A meno di non insistere più sull'analogia che non sulla similitudine, l'operazione non mi sembrerebbe molto migliorativa né originale. Essendo la Chiesa sacramento di comunione, di quella Realtà ultima che è la Patria della Trinità, tutto ciò che vuole esprimerla inevitabilmente la tradisce. Ogni traduzione è caduca in quanto in parte la contraddice nel tentativo di esprimerla; ogni realtà temporale è necessariamente già superata nell'atto di porsi. Perché, dunque proporsi come ideale una forma, un sistema di gestione dei rapporti che già ha mostrato ampiamente i suoi limiti anche sul piano solamente storico, politico?

Per una comunità chiamata, per costituzione, a farsi come alternativa, come profezia già presente nella storia è veramente riduttivo proporre analogie con sistemi politici o disquisire se essa sia più "monarchia" o "democrazia" e magari aspirare solo a configurarsi come tale. Per la stessa ragione, sarebbe stato per niente opportuno definirla "monarchia", quando questa configurazione e organizzazione del potere sembrava essere il massimo, al tempo della nascita degli stati nazionali. Pur riconoscendo come tragico, per quanto necessario, l'errore, non crediamo si debba insistere sulla linea di rincorrere le strutture civili per sentirsi "à la page" o adeguati, per stare di fronte al mondo. La nostra passione civile per il sistema democratico corrisponde a quanto accadde con la nascita degli stati nazionali alla fine del medioevo. È bene che ne siamo consapevoli, proprio nel momento in cui vorremmo rincorrere una realtà che, pur con tutti i suoi pregi, già ha mostrato vere degenerazioni sul piano politico delle organizzazioni statuali.

All'epoca del Bellarmino non sembrò di poter diversamente e più efficacemente esprimere la grandiosa nobiltà della Chiesa di istituzione divina: essa altro non che era quella società provveduta dal suo divino "Sovrano" di tutti quei mezzi atti ed adeguati al raggiungimento del fine che è la "salus animarum". Una monarchia in cui la potestas, venendo dall'alto, si partecipa, con munus e ministeri diversi gerarchicamente ed organicamente ordinati. Per queste ragioni la "societas" speciale che ne deriva è "perfecta". Non è il luogo per richiamarci tutti i problemi che provoca un tal modo di concepire i rapporti e le strutture intra ed extra ecclesiali, dentro questa visione delle cose.

Ci basterà quanto accennato per metterci dentro il dubbio che la democratizzazione delle strutture possa non rappresentare, neppure relativo all'oggi, il massimo di quello che possiamo aspettarci dalla riforma evangelica della Chiesa nelle sue strutture e, prima ancora, nelle relazioni. Agire verso la "democratizzazione" non è neppure la vecchia tentazione del modernismo; è semplicemente già riduttivismo "di retrovia". Occorre pensare se non ci sia una prassi della Chiesa, nei momenti suoi più determinanti, nei passaggi salienti e nelle forme più alte che è qualcosa di veramente più adeguato, sublime (nel senso etimologico dell'al di là del limite naturale), o, se si vuole, semplicemente frutto di grazia. Siamo oggi tanto assuefatti al "sistema democratico", da ritenere legittima la prepotenza di maggioranze che umiliano le minoranze e legittimo il rancore di minoranze che covano desideri e progetti di rivalsa o elaborano programmi che hanno l'unico obiettivo di raccogliere consensi, per rovesciare gli equilibri di potere. Tutto questo a scapito del servizio della verità e del bene comune. Ci sembra normale che si possa decidere a maggioranza, perfino nei nostri Consigli e organismi ecclesiali oppure, per evitare contrapposizioni e divisioni, ascoltare consigli e pareri e decidere come si vuole (rimedio peggiore del male!). Ci sembra lecito e addirittura auspicabile configurare un consiglio pastorale o presbiterale, per analogia, ad un consiglio comunale o comunque ad un qualunque consiglio di amministrazione. Tragico errore!

Nella sostanza teologica della vita comunitaria il consiglio è dono dello Spirito. Dono anche questo dato a tutti e da far fruttare, a vantaggio e per l'edificazione della comunità. Nessun credente ne è privo né deve essere privato dell'esercizio. Purtroppo accade di non esercitarlo, perché non lo si chiede a Chi lo elargisce, per guidare efficacemente la Chiesa. Egli lo dona, nello stile di chi vuole la libertà dell'amato, con discrezione, con liberalità, a chi lo apprezza. Lo Spirito Santo, con rispetto, non s'impone a chi non Lo accoglie. Anche chi lo riceve non deve imporlo, ma farne dono adottando lo stile di Chi lo elargisce: discreto, umile, amorevole. Il consiglio così inteso è da chiedere con insistenza e da accogliere con gratitudine. È da donare a chi lo ritiene un bene prezioso e non da imporre a chi non se ne cura e non apprezza. Il vero consiglio ricevuto dallo Spirito di comunione e d'amore non può essere stravolto nella sua finalità ed usato creando divisioni e contrapposizioni. Uno dei segni di riconoscimento dell'autenticità è proprio questa umiltà e liberalità nel porgerlo a chi chiede e nella sua capacità di creare unità e di arrivare all'unanimità del sentire unum. Opinioni, pareri individuali, nascendo da un sentire di cuori differenti, da menti e culture diverse tendono a collidere e ad elidersi reciprocamente. Il consiglio che nasce dall'unico cuore di Dio Amore, effondendosi per la forza dello Spirito, raggiunge cuori diversi che, come facce dello stesso prisma generano dalla stessa luce bianca differenti colori. Le differenti colorazioni della medesima luce incontrandosi si ricompongono in luce bianca, incandescente: è il miracolo del "sentire unum", di una consonanza frutto dell'armonia di una verità sinfonica che solo il Maestro interiore può dirigere.

Partecipazione corresponsabile e adulta.

Ad ognuno è consegnata una "partitura", una rivelazione "data a ciascuno" parzialmente, perché sia "per l'utilità comune". È sciocco chi ritiene che la partitura sia il tutto. Non gusterà mai la melodia sinfonica in tutta la sua bellezza e ne priverà i fratelli, per richiudersi nel "dono pervertito" e non partecipato. È davvero beato chi si accorge che la propria partitura non è la melodia, chi la ricerca in umiltà e chiede, come dono apprezzato, il consiglio a chi sa pregare, per chiederlo a sua volta all'Autore divino: gioirà dell'armonia degli spiriti che ricompongono una sinfonia divina, quella della Verità e della Bellezza divina. Purtroppo risuona poco nei nostri consigli questa armonia, questa concordia della verità. Non c'è una scorciatoia praticabile dalla Chiesa c'è solo la via maestra dell'ascolto, della meditazione, della preghiera, della contemplazione e della partecipazione umile e riconoscente che sfocia nel consiglio. La scorciatoia della democrazia in particolare produce nella chiesa cacofonia, non si compone in armonia sinfonica. Credo auspicabile che dalla monarchia bellarminiana si passi rapidamente a quella partecipazione sinfonica dei doni dello Spirito che non è "partecipazione democratica", ma certo deve dare origine a nuove figurazioni di comunità alternative più simili ad una fraternità, vera partecipazione di grazia alla Comunione trinitaria. "Partecipazione" è nella Chiesa, nel suo sistema di relazioni, nelle strutture ed organismi che lo incarnano, davvero il termine più appropriato e ricco di senso. Precisamente significa: prender parte alla Verità partecipata dalla Trinità, nella Parola e nel Pane spezzato e partecipare il Dono dello Spirito ricevuto. Solo per tracimazione se ne fa dono ai fratelli, in parole umane e gesti d'amore, nell'ascolto, rispetto e cura anche di chi è di diverso sentire, promuovendo un pensiero amorevole, inclusivo, aperto e dinamico, volto a "colligere fragmenta", promuovendo un'ininterrotta febbrile ricerca eppure un quieto permanere in quell'Amore unica grazia che tutti e tutto abbraccia.

7. LODE PERFETTA È L'AZIONE CONCORDE

Con il dono della fortezza, s'arriva alla decisione (deliberatio) e all'azione (actio) concorde

Nella decisione comunitaria si esalta la volontà personale

La collatio, nell'esercizio del dono del consiglio, si conclude necessariamente con una sintesi condivisa che esprime l'unanimità raggiunta. Questa sintesi è operata nel momento che la lunga tradizione della lectio comunitaria chiama discretio, che significa giudizio o discernimento. Oggetto di tale giudizio è la volontà di Dio qui ed oggi per la comunità. A partire da questo momento la volontà dei singoli credenti e della comunità si dispone a ritornare all'azione. Tale ritorno alle opere della comunità, alla sua missione avviene per un atto della volontà personale e comunitaria che il percorso della lectio chiama deliberatio. Decisione ferma e condivisa, come proposito che ritorna alla situazione di partenza ma con altra visione e con il cuore di Dio.

Sembra qui di dover premettere l'aspetto descrittivo del dinamismo dello Spirito in seno alla comunità. La procedura può essere facilitante oppure creare ostacoli alla volontà efficace, personale e comunitaria. Non è trascurabile sapere come muovere i passi, per arrivare ad una decisione, nello stesso tempo, unanime e libera. Negli ultimi anni si sono moltiplicati gli studi di psicologia sociale, per cogliere quali siano gli aspetti in gioco e dunque le dinamiche più corrette e funzionali ad una decisione di gruppo. Pur tenendone conto come sfondo, qui non entro nel merito dei dinamismi psico-sociali e dei fattori facilitanti. Faccio un'osservazione di tipo descrittivo con l'intento di cogliere la coerenza tra la modalità della comunicazione della fede e i segni presenti nella liturgia dei sacramenti. La presa di decisione sul "da farsi" coerente ed obbediente al discernimento sulla volontà del Padre andrebbe espressa comunitariamente, come traditio-redditio. Benché avvenga in seno ad una comunità unanime nel giudizio, ciascuno dei membri, in prima persona, dovrebbe esprimersi su quanto farà. Si tratta di una vera redditio personale-comunitaria del percorso fatto insieme. La liturgia insegna un linguaggio molto significativo sul modo di procedere nei riti sacramentali: il singolo credente è chiamato ad esprimersi personalmente, senza perdersi nella massa. Se il suo cammino è stato in seno ad una comunità che ha camminato con lui, in questa comunità e a questa comunità è invitato a dare il suo assenso e la sua adesione personale, chiedendone la preghiera che sostiene lo sforzo. Nel medesimo tempo l'intera comunità dovrà esprimere coralmente l'adesione alla volontà del Padre. Identità comunitaria e partecipazione concorde non espropriano l'individuo del suo libero assenso e della sua dignità personale.

Individualmente, con un "amen", con un "eccomi", con un "credo", con un "rinuncio" oppure con un "voglio", in prima persona e pronunciato all'unisono con l'intera comunità, esprimono il consenso dato a Dio che corrobora, con la sua grazia, quanto è conforme alla Sua volontà espressa dalla Chiesa. Questa modalità è significativa espressione di un soggetto comunitario che si è venuto formando intorno alla Parola che ha guidato tutti. Così il singolo non si perde in un "noi" impersonale e la comunità può esprimersi in un "io" corale a più voci. Il "voglio" o "amen" liturgico corale dovrà trovare la sua forma anche nelle nostre assemblee più feriali di discernimento. A conclusione del percorso di lectio, l'unanimità nel discernimento è stata il frutto maturo; ora tutti ed ognuno dovranno avere l'opportunità di esprimere il convinto assenso della propria volontà alla Volontà, nella concordia tra i fratelli. La comunità, l'organismo di partecipazione, il consiglio, di qualunque articolazione di chiesa si tratti, dovrà esprimersi in una volontà determinata a rispondere "amen" al Padre, in sintonia con Gesù obbediente. La determinazione seria a realizzare gradualmente quanto il Signore chiede, quanto più si esprimerà coralmente e concordemente, ma nel rispetto delle attitudini, disponibilità e sensibilità particolari, tanto più ha garanzie di esito fruttuoso. Lo Spirito presente in tutti, con il dono della fortezza, come vedremo necessario per più motivi, promuoverà specifici apporti e sinergie tra i diversi carismi presenti nella comunità. In questo modo, con questo stile, procede l'implantatio ecclesiae, non artificialmente e dal di fuori o per pressione dei bisogni o per compiacere l'autorità nella comunità, bensì, per mozioni interiori e riconoscimento comunitario, con l'apporto necessario del ministro della comunione.

Nell'azione concorde alla Volontà è glorificato veramente il Padre.

L'intero percorso interiore della lectio fin qui descritto deve naturalmente sfociare nell'azione passando attraverso la volontà. Tutte le facoltà dell'uomo sono così attraversate e mosse dalla Forza dello Spirito e dalla luce del Verbo verso la Volontà del Padre, origine e fonte dell'Amore che crea e ricrea ogni novità. L'itinerario interiore che ricentra l'uomo e la comunità in Cristo Gesù produce ogni volta una trasfigurazione che produce "segni". La teologia del segno è così presente nei Vangeli che non possiamo eluderla e dobbiamo ricondurre tutte le azioni ad essa. È indubbio che Gesù nella sua vita terrena abbia voluto instaurare il Regno ancora non in pienezza; altrettanto è forte l'appello ai suoi a voler continuare la sua opera nel mondo e per il mondo, con la sua stessa Forza infusa come Dono pasquale. Ogni suo discepolo non potrà, se autentico, ignorare la chiamata alla trasformazione del mondo e della storia, verso il regno di Dio che Gesù ci ha fatto intravvedere nei segni. Le Sue azioni chiamate miracoli sono segni del fatto che è dato all'uomo ormai la potenza e l'autorevolezza (exusìa) per "azioni più grandi". C'è una circostanza molto significativa nel vangelo di Giovanni al capitolo 9, 1-41: "In quel tempo, Gesù passando vide un uomo cieco dalla nascita e i suoi discepoli lo interrogarono: «Rabbì, chi ha peccato, lui o i suoi genitori, perché sia nato cieco?». Rispose Gesù: «Né lui ha peccato né i suoi genitori, ma è perché in lui siano manifestate le opere di Dio. Bisogna che noi compiamo le opere di colui che mi ha mandato finché è giorno; poi viene la notte, quando nessuno può agire. Finché io sono nel mondo, sono la luce del mondo».

Detto questo, sputò per terra, fece del fango con la saliva, spalmò il fango sugli occhi del cieco e gli disse: «Va' a lavarti nella piscina di Sìloe», che significa "Inviato". Quegli andò, si lavò e tornò che ci vedeva. " Questo segno comincia con una domanda teorica tra i discepoli e la stessa domanda è opportunamente rivolta a Gesù. La risposta di Gesù apre immediatamente al segno che segue: l'inizio della guarigione del cieco motivata da Gesù senza richiesta da parte dei suoi: "...è perché in lui siano manifestate le opere di Dio. Bisogna che noi compiamo le opere di Colui che mi ha mandato finché è giorno. finché sono nel mondo io sono la luce del mondo". Al segno compiuto da Gesù segue la verità più profonda di quella cecità e dell'opera completa di Dio in Gesù: quel cieco è l'unico che fa qui la professione di fede chiara, finalmente "vede", nel senso teologico pieno di Giovanni. Tra l'inizio del segno ed il suo pieno compimento ci sono discussioni, diatribe infinite tra la folla ed il cieco guarito, tra questo ed un tribunale improvvisato, tra il "tribunale di strada" e i genitori del cieco. Tutta quella confusione che sfocia nella "scomunica" del povero malcapitato e nella lacerazione della comunità, non impedisce a Gesù di incontrare di nuovo il cieco e completare "l'opera di Dio" con la fede professata dal cieco che finalmente acquista la vista interiore. È un brano estremamente istruttivo riguardo a cosa e come può condurre una persona a ritrovare l'unità interiore, la sua appartenenza alla vera comunità di salvezza ed una comunità a vivere ed operare sotto la Luce divina dello Spirito e della Parola. Chi può fare tutto questo è solo chi si lascia a sua volta illuminare, la comunità che si lascia guidare dal Signore ed il credente che Lo incontra e Lo ascolta, come abbiamo descritto fin qui.

Se la sequenza delle operazioni dello spirito, nel metodo della lectio che abbiamo percorso fin qui, non portassero ad una decisione ed azione conforme, sarebbe vaniloquio, che alimenta la confusione ed ideologizza la fede.

La preghiera è veramente perfetta e completa quando arriva a rinnovare la persona e l'azione, l'azione stessa è chiamata a farsi preghiera, perché "pregare è camminare davanti a Dio", come direbbe Gesù, fare le opere di Colui che ci manda.

Nella sintesi organica e concorde risplende la bellezza della Verità.

La concordia non abolisce le differenze, ma esalta i servizi e i carismi nell'organica unione di tutta la comunità. Nell'esercizio della decisione si dovrà arrivare ad una sintesi che non mortifichi nessuna visione parziale. Una particolare grazia e carisma occorre a chi è chiamato a convocare e ad animare nella comunione, la comunità. Dall'insieme della Tradizione della Chiesa, nella sua storia, è chiaro che le forme di esercizio dell'autorità hanno espresso due costanti: l'origine ultima del ministero della presidenza o della comunione da parte di Dio, per il suo riferimento a Cristo servo, capo, re-pastore e la finalizzazione all'edificazione della comunità e il coinvolgimento di questa nelle dinamiche decisionali. Questi due aspetti sono stati incarnati nelle differenti epoche storiche, in modalità quando più autoritarie, quando più comunitarie. Anche nell'esercizio della suprema autorità papale, non è mai mancata la partecipazione collegiale alle dichiarazioni e alle decisioni più importanti. Quello che dà autorità a tutto è l'ininterrotta successione apostolica, la conformità con il Vangelo e la continuità con la Tradizione della Chiesa. L'esercizio dell'autorità nelle differenti forme di vita monastica dipende molto dalla pratica spirituale assidua del discernimento. Non a caso nel monachesimo praticato prevale di gran lunga l'aspetto partecipativo-comunitario ed è stato sempre, per autorevolezza spirituale, un punto di riferimento alto per tutta la Chiesa. Per questo la riforma anche strutturale della Chiesa, di cui si sente l'urgenza, dovrà avvenire a partire dalla riforma spirituale e dalla nuova evangelizzazione, come suo frutto maturo, quasi come nuova implantatio ecclesiae.

Per diverse ragioni non possiamo credere che la via delle riforme strutturali dell'istituzione Chiesa sia praticabile a prescindere dalla riforma spirituale che deve precederla. Tali riforme vengono da comunità convertite all'umiltà, alla tenerezza, all'infinita pazienza di Dio, all'onnipotenza dell'Amore che tutto muove. Almeno in una certa misura che non pare lontana, tale conversione deve essere in atto. Soprattutto è da evitare che, per la fretta di soluzioni pratiche, si mutui dall'organizzazione statuale e politico-amministrativa il modello di tale riforma. Il problema non è riconducibile nei termini di imitazione e adozione di sistemi più assolutistici o più democratici. Per evitare di incorrere negli errori del passato, conviene confrontare le peculiarità ineliminabili del governo della Chiesa con il regime che oggi è ritenuto il migliore, almeno in Occidente. La tentazione secolare oggi si esprime con l'inseguimento dell'ideale della democrazia, quasi fosse praticabile e auspicabile per la Chiesa. La democrazia, per la figura che ha acquisito nella modernità post-illuminista in Occidente, è da considerare la migliore forma di gestione del potere, soprattutto se si considerano le antecedenti forme e sistemi vigenti nell'Occidente dei secoli precedenti. Prima peculiarità della stessa natura della Chiesa, del suo compito è di essere sacramento del Regno. Il suo proprium è la consapevole ordinazione alla realtà definitiva che si opera per grazia. Anche lo sforzo per il progresso civile dei sistemi politici, seppure inconsapevolmente, ha come punto di arrivo con essa convergente la stessa realtà del Regno. Verità, giustizia, pace, fraternità, uguaglianza sono i contenuti non esclusivi, ma veri contenuti del Regno. Mentre di questo regno di Dio, nella sua visibile fraternità, la Chiesa è chiamata ad essere sacramento, quindi segno e strumento efficace di una grazia che l'attraversa, i sistemi politici ed amministrativi, nella loro qualità di espressione della "città dell'uomo", presumono di essere frutto dell'ingegno, dello sforzo, della diplomazia e del "buon governo" degli uomini. Per questa sua vocazione, la chiesa non può considerare stabile e definitiva alcuna forma storica di gestione del potere. Anche nelle figure storiche della sua interna organizzazione, deve essere anticipazione e non rimorchio del treno della storia. Nel momento in cui le democrazie più validate, come è naturale dall'evolversi dell'esperienza, sembrano necessitare di correttivi e riforme mostrando il fianco a debolezze e disfunzioni, non è possibile che la Chiesa, sempre in ritardo, ignorando la Forza che la guida, si lasci prendere dalla voglia di adeguamento o ammodernamento. Oggi anche la caduta delle ideologie ha favorito la libido dominandi di chi fa dell'ascesa al potere un'insaziabile ragione di vita. È il deteriorarsi patologico di una vita politica e sociale che porta all'attuale auto-rappresentazione, in forme sempre più spettacolarizzate. Il cittadino vi assiste divertito o annoiato, ma sempre più disilluso, perché tanto esibizionismo chiaramente denuncia un vuoto di progetto, di proposta. Tutto gira intorno all'individuo più gradevole, più potente, più brillante. "L'esito socio-politico di un narcisismo estremo è il potere totalitario, dittatoriale. Un'istituzione, un partito, un sistema che faccia di se stesso e della propria sopravvivenza l'unico fine, anzi che si ritenga depositario dell'unico vero bene per tutti diventa liberticida. Cioè incapace di accettare che vi sia chi prende e mantiene una distanza da esso, chi custodisce un'alterità, una diversità. Non a caso una società come la nostra, in forte condizione di instabilità e di crisi, carente di ideali collettivi, sfilacciata nel suo tessuto sociale, con perdita di fiducia nelle istituzioni politiche, vede sorgere il culto della personalità e crescere i fenomeni della personalizzazione e della spettacolarizzazione di tutti i poteri. Diventa così il terreno di possibili soluzioni politiche "idolatriche"[104].

Anche a volerla tirare al livello minimo, l'analogia tra i regimi civili e statuali e l'organizzazione della Chiesa, non regge per troppi motivi.

---

104 E. Bianchi, Da forestiero, Piemme, p. 81.

La seconda peculiarità riguarda la natura e l'origine della potestas che è data alla Chiesa. C'è da ricordare la differenza evangelica sostanziale. Nelle democrazie il potere risiede nel popolo. Per le comunità cristiane risiede nel Signore Gesù. Lui è il "supremo", "grande" "pastore e guardiano" delle nostre anime[105]. Ne scaturisce che diverso è l'atteggiamento di chi lo esercita, diverso è il referente, diverso lo scopo cui tende l'esercizio concreto. Per le organizzazioni del consenso popolare la ricerca dell'esercizio del potere decisionale e di governo è essenziale alla dinamica democratica (libido dominandi). Per la comunità ecclesiale ogni munus è necessariamente iscritto in un atteggiamento di ministerium o "diaconia" tipico del Capo e Maestro. Dal momento che è Signore, è la Fonte, per chiamata e partecipazione, del servizio; sul suo esempio ogni ministero si modella. "L'unica via indicata è quella dell'abbassamento, della kénosis, della sottomissione: non si tratta soltanto di un'indicazione etica, ma della rivelazione del cammino di Dio stesso in Gesù Cristo. È un caso che al centro del cristianesimo vi sia un Dio-servo? Da questo scaturisce la vocazione di ogni cristiano a divenire servo rompendo con ogni logica di ricerca del potere, perché assolutamente contraria alla via evangelica, al cammino del suo Signore. Per ogni cristiano il modo essenziale di entrare in rapporto con gli altri non è la ricerca di potere e di dominio, ma l'accoglienza e la condivisione fino alla sottomissione agli altri, per rinarrare nella storia la follia dell'amore 'perdente', ma salvifico di Cristo, che si è sottomesso alla morte di croce abbandonandosi nelle mani dei malfattori per sconfessare ogni sete di affermazione di sé contro gli altri e di potere sopra gli altri"[106] .

Altro carattere essenziale e peculiare è quello che deriva alla Chiesa dalla conformazione a Cristo di ogni servizio. È l'unzione dello Spirito dal Padre che fa "cristi", "con Cristo, per Cristo ed in Cristo", che dà origine alla missione, dunque il Referente ultimo della correttezza e conformità delle decisioni è, per i discepoli di Cristo, il Padre, non il popolo. Questo dato conferiva alla missione di Gesù una straordinaria padronanza su tutto, una sovrana libertà da ulteriori condizionamenti. Questa stessa convinzione agli inizi della missione della Chiesa faceva dire a Pietro, di

[105] Ebrei 13,20; I Pt. 2, 25; 5, 4.

[106] E. Bianchi, op. cit., p. 82, Piemme, 1995.

fronte alle massime autorità giudaiche: "Bisogna obbedire a Dio piuttosto che agli uomini"[107]. Nelle democrazie, lo scopo da perseguire fondamentalmente è quello di piacere al popolo o meglio a quella parte che si ritiene maggioritaria, su cui si scommette per prendere il potere o conservarlo, insomma una sorta di autoreferenzialità del potere, mediata dal consenso popolare. Ne va di conseguenza che l'atteggiamento di fondo è quello della condiscendenza massima o almeno apparente agli interessi di quella parte dell'elettorato che si spera e scommette maggioritaria. Nella Chiesa di Gesù Cristo lo scopo di ogni servizio è piacere al Padre, per la collaborazione al suo Regno. Non la volontà popolare, ma la Sua volontà determinerà dunque le decisioni. Nella libertà, nel rispetto, nella discrezione e nella gratuità del dono, ogni singolo, come parte e membro della comunità, non ricerca il consenso per se stesso, per i propri programmi, ma segue la Volontà col solo desiderio di edificare la comunità e per essa il regno di Dio. È la ricerca comune della Volontà che muove tutti. In questa prospettiva scompaiono le contrapposizioni di parti che si contendono la gestione del potere. D'altra parte proprio Gesù, molto esplicitamente rovescia le prospettive d'ogni logica politica di ricerca di egemonia. Dice ai suoi: non potete paragonarvi ai principi di questo mondo, poi si propone per loro come unico modello e criterio, "perché il Figlio dell'uomo non è venuto per essere servito, ma per servire e dare la sua vita in riscatto per molti"[108].

La fede, per quante incarnazioni storiche, obiettivazioni ed istituzioni religiose diverse possa produrre, nel suo vitale sforzo di inculturazione, non può cessare di essere principio critico d'ogni potere. Dobbiamo fuggire, nelle nostre assemblee o consigli, la voglia di far valere la forza del numero, con alzate di mano o con le arti del compromesso e della mediazione tra le parti, per dare esito ai processi decisionali. Questa pazienza è frutto dell'esercizio della fortezza che, a sua volta, è come il seme dello Spirito donato ad ognuno. Come in precedenza era richiesto a ciascuno il dono del consiglio così ora si richiede il dono della fortezza. Si tratta di vincere le resistenze personali, interiori, frapposte da una natura resa ribelle dall'abituale uso errato delle passioni e dagli affetti sbagliati o esagerati. Non basta l'illuminazione della mente con

[107] Atti 2, 29.

[108] Mc. 10, 45.

l'intelletto e la scienza, la pienezza del cuore che viene dalla sapienza e la consolazione che viene dal frutto del consiglio che è l'unanimità. Per arrivare all'azione occorre una particolare grazia dello Spirito che fortifichi la volontà decisionale che si esprime concorde. Fin da questo primo atto della volontà il credente e la comunità si conformano alla volontà divina. La fortezza è richiesta a tutti coloro che si mettono, con onestà, davanti alla volontà del Padre. In particolare deve essere usata nel servizio del governo (sarebbe più appropriato dire "nel servizio della comunione"). Per portare i ritardi, le lentezze e le resistenze essa è necessaria, perché si possa produrre frutto di conversione dal peccato o dalla tentazione del potere. Il vero esito di ogni agire ecclesiale, secondo il vangelo, non è il buon funzionamento a prescindere dalla conversione, dalla decisione personale di aderire alla volontà del Padre. Ora la conversione, la decisione conseguente sono processi che richiedono tempo, come gestazione di nuove nascite, e chi ha fretta di arrivare a comportamenti conformi imperati li abortisce. Non è "l'arte del buon governo" che deve informare l'agire di chi presiede nella carità alla comunione della comunità di fede. Ad informare metodi e procedure di "governo" della Chiesa è l'amore nella forma della fraternità, animata da una sovrumana fortezza, che produce pazienza. Questa è grazia, non arte. Ora "io non so già cosa significhi amore per l'altro, partendo dal concetto generico di amore che deriva dal mio bisogno psichico - tutto questo davanti a Cristo, può piuttosto essere appunto odio ed egoismo della peggiore specie -. Quello che è l'amore me lo dirà solo Gesù, con la sua parola. L'interrogativo riguardante la vita cristiana non trova soluzione o risposta né nel radicalismo né nel compromesso, ma solo in Gesù Cristo stesso"[109]. In questa prospettiva il primo e più vitale servizio della carità è quello della verità, per mezzo della quale ci si edifica vicendevolmente, per aderire sempre meglio e tutti a Cristo, per piacere al Padre. Decidere significa continuamente decidersi e ridecidersi per Lui, per il suo vangelo. Decidersi per Lui e per la sequela ogni momento richiede come presupposto l'accettazione della croce da portare in prima persona, come testimoninanza- martirìa. La capacità decisionale, per il buon servizio alla comunione, significa avere sufficiente forza d'animo ("parresìa") o potenza intesa come fortezza ("exusià") da far valere le disposizioni benevole e giuste

[109] D. Bonhoeffer, Gesù Cristo dono di Dio, Gribaudi, p. 42.

del Signore verso il bene comune anche in chi inizialmente s'oppone. Mentre, anche nelle migliori forme di governo secolare, occorre acquistare tale forza dal numero, dalla quantità del consenso, che prevale fino ad imporsi su chi s'oppone. Nel nostro caso solo la fortezza, come dono dello Spirito, può condurre a decisioni, di cui a portarne per primi il peso sono proprio quelli che per primi hanno deliberato e non operano secondo i propri gusti, ma cui viene richiesto di disporsi al servizio e a vincere sempre il male col bene. "Chi vuol essere il primo tra voi sia come l'ultimo ed il servo di tutti"[110]. Piuttosto che inseguire la democrazia, nelle strutture della Chiesa sarebbe meglio mettersi alla sequela della fraternità, impresa che richiede la grazia di una Potenza e di una Forza d'animo, che non possiamo inventarci e non possiamo mutuare da arti diplomatiche, amministrative o politiche. Solo allora si potrà aspirare a divenire sale e lievito per il Regno.

Tutto quanto fin qui ho detto della democrazia, rilevandone i limiti, a confronto con la fraternità cui la Chiesa deve tendere, non deve indurre a far ritenere negativo né facoltativo l'impegno politico dei cristiani nel promuovere la democrazia sempre più verso forme partecipative. Rimane vero ed attuale che la partecipazione politica, in graduali e diversificate forme, è un aspetto eccellente della carità per il cristiano, testimonianza del vangelo che i credenti professano. La partecipazione dei cristiani al bene comune è dovuta al mondo laico e secolare. Molti autorevoli documenti dei Pontefici e delle Conferenze Episcopali hanno ribadito, a partire dalla Gaudium et Spes tale imprescindibile compito soprattutto dei laici. "Per animare cristianamente l'ordine temporale, nel senso detto di servire la persona e la società, i fedeli laici non possono affatto abdicare alla partecipazione alla politica, ossia alla molteplice e varia azione economica, sociale, legislativa, amministrativa e culturale, destinata a promuovere organicamente e istituzionalmente il bene comune. Tutti e ciascuno hanno il diritto ed il dovere di partecipare alla politica, sia pure con diversità e pluralità di forme, livelli, compiti e responsabilità. Le accuse di arrivismo, di idolatria del potere, di egoismo e di corruzione, di demagogia e populismo che non infrequentemente vengono rivolte agli

---

[110] Mc. 10, 44.

uomini di governo, del parlamento, della classe dominante, del partito politico, come pure l'opinione non poco diffusa che la politica sia un luogo di necessario pericolo morale, non giustificano minimamente né lo scetticismo né l'assenteismo dei cristiani per la cosa pubblica"[111]. Non solo non ci si può esimere, come cristiani singoli, per un dovere di carità, di partecipare alla vita democratica del Paese, in un ruolo di animazione, ma la profezia prodotta all'interno delle Istituzioni ed Enti, come sale e lievito, non basta. Mi pare che la Chiesa come comunità, vivendo nel tempo l'impegno per il Regno che cresce al di là dei suoi confini, abbia anche un ulteriore compito: quello profetico e testimoniale di illuminare i passi dell'ulteriorità di tutte le forme di società e di potere, anche delle migliori come la democrazia. Lo fa producendo vivibili modelli di "comunità alternative" e percorsi accessibili di partecipazione alle decisioni. Se nel primo impegno quello dei laici nelle istituzioni e strutture pubbliche la Chiesa si propone come sale e lievito, nel secondo impegno c'è come città posta sul monte. Purché sempre l'unico suo servizio sia al vangelo della Carità.

Altra peculiarità del "potere" di servizio alla comunione nella Chiesa è la libera ricerca e la comune adesione alla Volontà del Padre nella concordia. Anche per l'esercizio dell'aspetto collegiale dell'autorità ci vien fatto d'osservare, come precedentemente, quanto debole sia l'analogia con altri consigli, nella cui dinamica è perfino "codificato" che ci debbano essere delle parti costituite come contrapposte in maggioranza e minoranza, a tutela della volontà di tutti i cittadini e dei loro interessi di parte e a salvaguardia della funzione di controllo. All'interno delle parti costituite a difesa degli interessi dell'elettorato, scarsa o nulla è la libertà del singolo nella espressione della sua coscienza, dal momento che deve sempre prevalere, per il raggiungimento o la conservazione del potere di governo, la logica di parte, la difesa del consenso acquisito o il mantenimento del potere di esprimersi. Nei nostri consigli e organismi di partecipazione ecclesiale, unico dovrebbe essere il bisogno riconosciuto, la motivazione che tutti anima, l'obiettivo espresso: adeguare il pensiero, il sentire e l'azione di servizio all'unica Volontà di bene. Il programma scaturisce conforme al progetto di Dio, che

[111] Giovanni Paolo II, Christifideles Laici, n. 42.

partendo dal Padre è comunicato a noi attraverso il Figlio sua Parola e partecipato a ciascuno dallo Spirito, Che è il tramite e vero Monitore, Maestro interiore. Lo Spirito illumina e guida, con i suoi doni coloro che si sottomettono al giudizio del vangelo. Nel momento in cui si arriva comunitariamente, con il dono del consiglio, nella collatio, a capire l'oggi e il qui del progetto di Dio, è chiaro il programma. Con la decisione si passa all'esecutività di "quanto manca" all'efficacia dell'opera realizzata da Gesù nella sua Pasqua.

La forza e l'efficacia della decisione non è data neppure dall'autorità eletta dalla maggioranza, ma dall'Alto, per l'unzione dello Spirito che tutti ci costituisce sacerdoti, re e profeti. Questa forza riconosciuta alla decisione presa, è continuazione della grazia preveniente l'atto decisionale. Non manca l'assistenza ordinaria dello Spirito, con il dono della fortezza, a coloro che comunitariamente si dispongono a compiere la volontà di Dio. Non solo tale dono sarà necessario a chi si dispone a pronunciare un impegno conforme alla Volontà manifestata, ma tanto di più dovrà accompagnare l'adesione obbedienziale e l'esecuzione fino al compimento. La fortezza potrà evidentemente agire con efficacia solo in chi lo consente, in chi la esercita, anche contro il proprio desiderio o attaccamento al proprio volere e potere.

Ho voluto esprimere quanto penso della natura teologica e spirituale della deliberazione ecclesiale e l'ho fatto confrontandolo ad una qualunque istituzione democratica, perché potessimo renderci conto che di analogo c'è ben poco. Al lettore sarà sembrato del tutto ovvio, ma se riflette sulla prassi s'accorgerà che quasi nulla di quanto appare ovvio a discorrerne, è praticato. Il governo della Chiesa a tutti i livelli è il risultato di considerazioni conformi allo spirito del mondo e al massimo ispirato alla prudenza umana. È questo spirito mondano della diplomazia e della politica praticata che molto spesso sommerge l'insegnamento, la profezia e talvolta anche l'annuncio del vangelo. Eppure molti continuano a pensare possibile, nonostante la radicalità della crisi, "ammodernare" le strutture, per rendere più credibile il ruolo della Chiesa. Questa logica è conforme a quella di chi ritiene ci debba essere distanza tra il dire ed il fare della Chiesa in ambiti di amministrazione e di gestione. Se rinnovamento ci dovrà essere, ed è fin troppo tardi per porvi mano, non potrà avvenire rincorrendo impossibili analogie.

Sarebbe d'altronde un magro guadagno. La Chiesa confidando, molto più di quanto faccia, nella capacità di guida dello Spirito, dovrà dare credito alla liberalità con cui Egli distribuisce i suoi doni, per i quali ogni credente è abilitato ad esprimersi e ne ha il dovere, per amore del Corpo di Cristo e per l'edificazione dei fratelli.

L'esercizio del "governo" della Chiesa partecipato comunitariamente non cerca l'omologazione ai fini di un'identità, ma favorisce quelle forme varie di "comunità alternative", che dovrebbero essere avanguardie profetiche, per un mondo che cambia. L'universo interiore delle nostre comunità, come abbiamo accennato, è consapevolmente di fronte al Regno e la loro prassi punta verso questo orizzonte ultimo di cui testimonia la possibilità ed il "già". Nei secoli della sua vita la Chiesa ha svolto questa funzione accogliendo e incoraggiando il monachesimo e la vita consacrata in fraternità apostoliche. Lo Spirito ha suscitato tutte queste forme con una ricchezza perfino sconcertante, ma ognuna di queste forme carismatiche di vivere il vangelo è animata dalla legge della fraternità. Le forme più spinte di partecipazione e condivisione che la Chiesa ha riconosciuto al proprio interno, nell'esercizio del proprio governo, sono in seno a queste forme dove è garantita la fraternità, in maniera più chiara e visibile. Questa possibilità propositiva di animazione e profezia passa anche oggi necessariamente attraverso il costituirsi di comunità regolate dalla fraternità evangelica, solidali e diverse, per la loro vita ed il loro stile, fino all'esercizio del governo. Queste comunità sono segno ed anticipo del Regno già presente. Benché proiezione sul futuro, sono per l'oggi testimonianza di possibilità forse inesplorate, anche nelle più ordinarie e feriali situazioni ecclesiali, come la parrocchia. Con le debolezze ed i ritardi normali in tutte le forme storiche e dunque contraddittorie, non potranno esserci mai tali comunità se, anziché tendere ad ideologie di governo più o meno aggiornate, non badiamo a conformarci, momento per momento, nell'ascolto dello Spirito, all'unica Volontà che deve contare, all'unica Autorità cui obbedire. Rispetto reciproco, accoglienza del diverso, spirito di umiltà nel far parte del dono del consiglio sono gli atteggiamenti che devono condurre all'unanimità del sentire e dunque alla concordia nel decidere e nell'agire con lo stesso Spirito di Gesù.

Il clima e il respiro necessario ad una vera corresponsabilità

Prima del rinnovamento strutturale, pure così urgente, perché la Chiesa abbia un volto umano-divino credibile, con i tratti dell'Uomo nuovo di cui è Corpo, deve educarsi all'unanimità e alla concordia. Deve, a tal fine, praticare incessantemente questa disciplina interiore in cui l'unico Spirito può esprimere l'unica Volontà dell'unico Signore e Padre. Il dono della fortezza che produce pazienza non spetta solo a chi esercita il ministero della comunione, ma tutti i membri della comunità, fino all'obbedienza della fede. Il dono della fortezza continuamente deve sostenere lo sforzo di spoliazione che richiede questo convergere in unità di sentire e di intenti. Ci viene chiesta la spoliazione di quanto è più nostro, come le certezze che ci coltiviamo, e la sostituzione con l'ascolto vero e profondo della storia e delle Scritture, in seno ad una comunità che prega e contempla attenta, "come gli occhi dei servi alla mano dei loro padroni; come gli occhi della schiava, alla mano della sua padrona"[112]. Questa è profezia particolarmente richiesta, in questo tempo in cui si va accentuando la tendenza all'individualismo e all'esasperata autoreferenzialità. La resistenza alle forze culturali disaggreganti, richiede tutta la forza che viene dallo Spirito. In questo tempo di assoluto relativismo, la ricerca della verità sempre più piena nella nostra comprensione, perché ci trascende, richiede l'esercizio della fortezza, contro il tarlo del sistematico sospetto destabilizzante ogni convinzione condivisa come unica fede. In una cultura in cui la ricerca del bene coincide e si appiattisce sulla ricerca frenetica del "benessere" dell'individuo identificato con la soddisfazione compulsiva dei bisogni e dei desideri, è necessaria la forza divina di opposizione anche a quella pressione di conformità che fa sentire diverso ed estraneo al mondo chi non gira ai suoi ritmi da centrifuga. La fortezza esercitata contro l'inclinazione egotica e deviata delle passioni, deve esercitarsi, ad un tempo, oggi anche all'esterno come resistenza alla cultura prepotente dell'assolutizzazione dell'individuo. Se l'umiltà, l'accoglienza, lo spazio interiore da concedere all'ascolto sono necessari nei confronti di Dio e della sua Parola, sono altrettanto necessari, in questo momento, nei confronti dei fratelli. Ma questi atteggiamenti previ richiedono un supplemento di fortezza. L'attuale comune modo di pensare porta a dire: siccome tutto è relativo, mi conviene pensare e dire quanto è utile e

[112] Sal. 122, 2.

comodo, al minimo sforzo, col massimo vantaggio per me; non posso certo dar credito a quanto possono addurre gli altri a vantaggio della comunità... chissà poi con quali scopi reconditi essi lo faranno!? Il relativismo, l'individualismo, l'edonismo, il sospetto sono forze centrifughe potentissime e presenti nelle dinamiche sociali contemporanee. La testimonianza al vangelo della speranza deve opporre resistenza, e richiede oggi nuove forme storiche concrete ed impegnative di vivere solidale, partecipativo e aperto, non solo nelle forme delle fraternità regolari, ma soprattutto nella ferialità di comunità pienamente inserite nel territorio. La parrocchia dovrà provvedersi di momenti o situazioni anche strutturate di condivisione di doni spirituali, di partecipazione alle decisioni e di solidarietà negli sforzi realizzativi. La parrocchia stessa dovrebbe ridefinirsi come comunità alternativa, nel territorio, dovrebbe instaurare un sistema capace di ascolto permanente, di discernimento unanime, di condivisione solidale nella realizzazione della testimonianza del vangelo della carità. Quale forza divina richiederà la resistenza all'attuale sistema culturale conformista solo nel ritenere assoluto il relativo, nel perseguire come superiore a tutto l'interesse individuale e nell'aderire all'universale principio del piacere? Solo la fortezza, dono dello Spirito, sosterrà intenti e decisioni concordi e impegnative per tutti! Quando ognuno s'esprimerà, non cercherà altro che quello che tutti gli altri cercano: quella sintonia col volere di Dio che è grazia infallibilmente concessa a chi la desidera. L'unanimità e la concordia saranno segno della presenza dello Spirito nella comunità. Mentre non toglie originalità al sentire e all'espressione di ognuno, li armonizza con l'espressione di tutti. La stessa verità è semplice melodia, ma anche ricca possibilità polifonica e sinfonica, è luce bianca, ma policroma sui corpi che investe. In queste comunità nessuno e semplice esecutore di ordini o regole, nemmeno collaboratori di chi vede, dirige, gestisce, ma ci si fa corresponsabili della stessa impresa che consiste nella comunione tra tutti e nella missione sempre più diffusa e partecipata.

Godere il frutto dell'unanimità, gustare l'armonia dei diversi darebbe quella forza e quell'entusiasmo che troppo spesso mancano alle nostre comunità interiormente e spiritualmente deboli. Succede frequentemente che la presa di decisione nei nostri consigli avvenga in maniera "violenta", per "necessità di cose", per "definire le questioni in tempo", per "mancanza di tempo", "per tagliar corto". Se in maniera "democratica" o in maniera "monarchica" o, se si vuole, "gerarchica", la sostanza non cambia. La democraticità, che appare più aggiornata, toglie dall'imbarazzo solo momentaneamente: la minoranza, molto spesso, è proprio la più innovativa e profetica; rimane disattesa, forse umiliata, fino a stancarsi di "subire". Finisce per nutrire pensieri e sentimenti di rivalsa oppure si esclude volontariamente dai processi di discernimento e consiglio. La seconda modalità finisce per demotivare tutti dalla partecipazione del consiglio e al processo del discernimento, perché in definitiva lo rende vano, quando addirittura non dannoso, nel caso in cui, anche in buona fede, il "superiore", ministro della comunione dovesse preferire una posizione espressa pubblicamente come minoritaria. Si usa dire che l'"unione fa la forza". Il motto nasce dall'osservazione meramente psico-sociologica che vede il senso d'appartenenza rinforzato da sensazioni ed esperienze di positività. Se l'organismo ed il tutto sociale gode di buona salute, e l'unione tra i membri dà esattamente questo senso di integrità e benessere, fornisce l'equilibrio necessario a ciascuno per affrontare prove ed impegni in prima persona. Quello che è vero a livello psicologico è tanto più vero a livello spirituale. L'unanimità può trasmettere il sentimento positivo d'appartenenza ad un organismo sano, integro e vitale, dunque motivare di più all'impegno. Ma ad un livello più oggettivo, vero e profondo cioè più spirituale, la fortezza viene come dono infuso dello Spirito nei singoli e nella comunità che in questo momento è fatta convinta dal segno-frutto dell'unanimità, di essere sulla via dello Spirito e può dire, in sede decisionale (deliberatio) ciò che, nel consiglio (collatio) e nel discernimento (discretio), "lo Spirito dice alla Chiesa", come volontà espressa e da attuare con retta coscienza. Questa fortezza che viene come dono deliberativo, permette di affrontare risoluzioni che impegnano, per conversioni e cambi anche molto coraggiosi, spirituali e strutturali, tutti membri della comunità ciascuno per la propria parte.

Fin dall'inizio di tutta la dinamica spirituale, intrapresa con il senso vivo del timor di Dio, ci è voluta vera fortezza nel sapere di doversi mettere in questione davanti al Signore ed ora di fronte ai fratelli. Al di fuori di questa dinamica che si muove per la forza dello Spirito, la Parola non verrebbe mai presa come senso e forza delle scelte e decisioni da sostenere, con l'azione coerente e conseguente di tutti. Già l'aver perseverato, fino al momento delle decisioni impegnative, ha richiesto costanza sostenuta dalla forza della grazia. Sempre più vivamente se ne percepisce l'urgenza, ora che le deliberazioni impegnano i singoli in cambi che coinvolgono la vita personale ed atteggiamenti che riguardano l'essere di fronte al Signore e alla comunità. Ora tutto questo richiede quella forza interiore e spirituale che troppo spesso manca alle nostre comunità. Le vediamo disperdersi proprio di fronte agli impegni esigenti della missione. I nostri fratelli, se hanno avuto il coraggio di mettersi in cammino di fede, spesso per un'autentica ricerca, al momento di fare esperienza del senso con una vita più ricca e intensa, conseguente alla Verità scoperta, si ritirano di fronte alle conversioni che lo Spirito suggerisce. Per evitare il più possibile la fatica della propria difformità dal mondo, non producono la resistenza necessaria per opporsi a consuetudini poco evangeliche, ma tanto diffuse. È ancora lo Spirito che dà la forza per intraprendere (grazia preveniente), sostenere l'azione ispirata (grazia attuale), fino al compimento anche estremo di quanto ha iniziato (grazia conseguente). I frutti crediamo non mancheranno, "dai frutti vi riconosceranno"; ma anche i frutti necessitano del lavoro paziente e diuturno, della costanza che sostiene le cattive stagioni e i ritardi, per maturare. La fortezza è necessaria come grazia e come virtù prima nel decidere, quindi nell'intraprendere e lavorare, poi nell'attendere e nel sostenere la stanchezza e l'apparente fallimento. È necessaria non di meno per guardare in faccia la realtà dura del peccato e del male che si oppone all'avanzare del regno, senza cadere nella tentazione della violenza o della disperazione rassegnata; questo accade quando ci si trova a dover verificare l'azione nei suoi risultati. Molto spesso è facile eludere questa necessità di verificare, proprio per la sensazione di fallimenti, rispetto alle aspettative iniziali. La fortezza deve sostenere in questo caso la speranza, per continuare ad agire, pur continuando a domandarsi l'unica cosa necessaria da salvare: la conformità alla volontà del Padre. Già per arrivare ad una decisione illuminata che sia coraggiosa e profetica della novità dello Spirito abbiamo visto in tutto il cammino della lectio quanto lavoro di grazia e quanta perseveranza occorre. Di fronte alle continue tentazioni di mollare dovute a cadute di tono, a defezioni, a opposizioni in buona o cattiva fede, la fortezza a lungo deve sostenere l'impegno, quando non si vedono i frutti. A ben vedere già il primo frutto è in questa perseveranza nelle prove. Spesso si sente ripetere l'adagio di Gamaliele: "se questa teoria o questa attività... viene da Dio, non riuscirete a sconfiggerli..."[113].

Il frutto di una fede matura fino alla testimonianza

La testimonianza o martyrìa non è già il massimo segno del regno presente, espressione della libertà e della santità e suo frutto maturo? Dobbiamo essere molto attenti e prudenti a non lasciar cadere i segni che ci vengono dati ai nostri giorni, nel nostro tempo, con il pretesto di voler vedere i frutti maturi. Prima di comprometterci con un'opera di bene a volte usiamo come alibi una falsa o eccessiva prudenza: chiediamo di vedere prima i frutti e non riconosciamo che già la perseveranza nelle prove è un segno inequivocabile della fortezza che viene dallo Spirito. Peggio, di fronte al fallimento atteso o provocato di opere anche profetiche ed ispirate, c'è chi si tranquillizza dicendo di aver atteso in disparte o aver messo alla prova, per saggiare, per discernere, quando proprio così può aver determinato la fine di una maturazione necessariamente lenta. D'altra parte è vero che la perseveranza è frutto della fortezza, dono spirituale, ma nessuno autorizza a metterci contro lo Spirito, sono sufficienti già le prove necessarie, per la maturazione dei frutti. Bisognerà essere attenti, perché sono proprio i "carnefici" a riconoscere da vicino e a misconoscere la testimonianza (martyrìa) dei veri credenti. Si possono spegnere i doni dello Spirito e questo non può essere confuso come virtù! È vero che se un'opera è ispirata dal Signore, se un progetto è buono, se la strategia scelta è idonea, si vedrà dai frutti e si verifica su quelli, ma con il tempo necessario, a seconda della portata di quanto si chiede e soprattutto i frutti più veri sono quelli della maturazione e santificazione di chi vi opera. Il contadino sa che deve lavorare o attendere forte e paziente anche d'inverno, quando non vede la pianta viva né può immaginare il raccolto. Solo in primavera vedrà dalle foglie e dai fiori la vitalità della pianta, ma questi sono ancora e solo una promessa del raccolto. Solo dopo alternanze di sereno e grandine, di sole e pioggia i fiori che restano potranno attecchire e diventare frutto fino alla maturazione.

[113] Atti 5, 39.

La trepidazione dell'attesa e la fortezza nelle prove sostenuta dalla speranza è la temperie attraverso cui lo Spirito matura ciò che importa: la crescita nella santità in colui che è provato, la conformazione a Cristo anche nella passione per il Regno, per la Volontà di Colui che l'ha mandato. Mai come in certe situazioni anche estreme, ci si convince del primato della grazia. Perfino chi è provato dalla derelizione, dalla solitudine, dai tradimenti, dalle condanne si meraviglia della resistenza che riesce ad opporre, della perseveranza che riesce ad esprimere, fino a dire "tutto posso in Colui che mi dà forza"[114]. Negli scritti di Paolo abbiamo un campionario di casi in cui la determinazione a servire la volontà di salvezza del Signore verso i fratelli cui ci manda richiede una pazienza a tutta prova. Soprattutto le opposizioni esterne dei fratelli Giudei e dei cristiani di origine giudaica gli richiedono una impressionante resistenza di fronte ad ogni genere di persecuzione peraltro prevista, ad ogni passaggio della sua missione. Agli anziani di Efeso, mentre li saluta, arriva a dire: "So soltanto che lo Spirito Santo in ogni città mi attesta che mi attendono catene e tribolazioni"[115]. S'è fatto ormai la convinzione interiore e provata, per le esperienze avute, che nessuna cosa è più certa di questa presenza ineluttabile delle persecuzioni, anche più certa dei frutti abbondanti o meno che siano. Se ci chiediamo la ragione di tale fortezza e costanza, egli stesso ci dice quale obiettivo persegue, quale certezza lo anima, così la esprime efficacemente: "Chi ci separerà dunque dall'amore di Cristo? Forse la tribolazione, l'angoscia, la persecuzione, la fame, la nudità, il pericolo, la spada?"[116]. È questa sicura certezza dell'amore che, insieme al desiderio di ricambiare, infonde in chi si consegna i frutti dello Spirito che sono gioia e pace anche in mezzo alle tribolazioni. Ma le lotte del discepolo non sono solo dai nemici esterni bensì "dall'uomo naturale"[117] , "dall'uomo fatto di terra"[118]; dalla natura dell'uomo incline ormai al peccato vengono le più persistenti tentazioni; anche in questo l'apostolo è testimone del vangelo della grazia e dalla fortezza che viene dallo

[114] Fil. 4, 13.

[115] Atti 20, 23

[116] Rom. 8, 35.

[117] I Cor. 2, 14.

[118] I Cor. 15, 48

Spirito e può affermare: "Ed Egli mi ha detto: 'Ti basta la mia grazia; la mia potenza infatti si manifesta pienamente nella debolezza'. Mi vanterò quindi ben volentieri delle mie debolezze, perché dimori in me la potenza di Cristo". [119]

Prendere decisioni, esprimere propositi, manifestare un cambiamento, una conversione e mettere in atto, resistendo all'interno e all'esterno alle contrarietà, portando a compimento la volontà di Dio a noi manifestata ci richiede l'esercizio costante del dono dello Spirito che è la fortezza. La fortezza come virtù cardine della vita naturale non basterebbe certamente a perseguire la natura sublime degli scopi proposti al cristiano che sono "il Regno e la sua giustizia"[120]; non basterebbe a raggiungere la misura di conformità al modello Gesù Cristo crocifisso; "ma solo per virtù di Colui che ci ha amati, noi siamo più che vincitori"[121], non basterebbe una motivazione naturale quale quella della fortezza come virtù cardinale a sostenere il martirio.

In conclusione: la decisione (deliberatio), con il relativo esercizio dell'autorità e della collegialità, l'azione (actio) nel suo svolgersi e la verifica che segue, richiedono il dono della fortezza che deve arrivare a produrre frutti di pazienza, di magnanimità e dominio di sé oltre alla concordia del comune volere. Con la ricchezza di questi frutti, nella verifica, nell'offerta e nel ringraziamento (eucaristia) dobbiamo tornare a lodare il Signore. È il suo Spirito che ci ha accompagnati riempiendoci di quei doni che, nell'esercizio costante e vigile del discernimento, diventeranno sempre più virtù.

---

[119] II Cor. 12, 39.

[120] Mt. 6,33.

[121] Rm. 8,37.

Conclusione generale

Mi sono sentito guidato in questo scritto dalla passione che fin da bambino ho avuto, per eredità e grazia, per quella Forza misteriosa che poteva guidare la mia vita nelle scelte più piccole o decisive per il resto della mia esistenza. Quella Forza ora la chiamo Amore. Quella Comunione che unisce dall'eternità il Padre al Figlio generandolo e spira dal Figlio al Padre in un "si" eterno. Questo Vento ha gonfiato le vele della mia esistenza quando ho voluto spiegarle e ha reso il mio viaggio diretto e leggero verso il meglio. Quell'Acqua ha dissetato i miei deserti e mi ha rimesso in cammino. Mio Suggeritore nei giudizi duri ed impietosi del mondo, mi ha tratto fuori da cause sbagliate e mi ha dato il coraggio, per affrontare chi avversava quel poco bene che volevo produrre.

Quanto bene ne avrei tratto, se solo ne avessi sempre profittato! Come dice Agostino "Dio fornisce il vento, ma l'uomo deve alzare le vele"

"Occorre aprirsi allo Spirito Santo e lasciare che lo Spirito ci porti avanti. Per capire, per accogliere le parole di Gesù è necessario aprirsi alla forza dello Spirito Santo. E quando un uomo, una donna, si apre allo Spirito Santo è come una barca a vela che si lascia trascinare dal vento e va avanti, avanti, avanti e non si ferma più". (Papa Francesco, Omelia del 6.10. 2016).

Postfazione

Beati coloro che sono stati ritenuti degni di diventare figli di Dio, di rinascere nello Spirito Santo e di possedere in sé Cristo che li illumina e dona loro una vita nuova. Essi sono guidati in diversi modi dallo Spirito, vengono invisibilmente accompagnati dalla grazia e ricevono grande pace nella loro anima.

sono come immersi nella tristezza e nel pianto per il genere umano e, pregando incessantemente per tutti gli uomini, si sciolgono in lacrime in forza dell'ardente amore che nutrono verso l'umanità.

invece sono dallo Spirito Santo infiammati di tanta gioia e amore, che se fosse possibile porterebbero nel proprio cuore, senza distinzione alcuna, tutti, buoni e cattivi.

volta ancora, per la loro umiltà, si sentono al di sotto degli altri, stimandosi gli esseri più abietti e spregevoli.

sono tenuti dallo Spirito in un gaudio ineffabile. Qualche volta somigliano a un eroe che, rivestitosi di tutta l'armatura dello stesso re e uscito in battaglia, combatte da prode contro i nemici e li mette in fuga. L'uomo spirituale, infatti, prende le armi dello Spirito, si getta in combattimento contro i nemici, li abbatte e li calpesta.

la sua anima riposa in un mistico silenzio, nella tranquillità e nella pace, gode ogni delizia spirituale e perfetta armonia. Riceve doni speciali di intelligenza, di sapienza ineffabile e di imperscrutabile cognizione dello Spirito. E così la grazia lo istruisce su cose che né si possono spiegare con la lingua, né esprimere a parole.

volte invece egli si comporta come un uomo qualunque.

grazia viene infusa in modi diversi e in modi pure diversi guida l'anima, formandola secondo la divina volontà. La esercita in varie maniere per presentarla dinanzi al Padre celeste, integra, irreprensibile e pura. il Signore e preghiamolo con amore e grande fiducia perché ci doni la grazia celeste dello Spirito. Lo stesso Spirito ci guidi e ci conduca a vivere secondo la divina volontà, e ci ristori nella pace.

guida, questa grazia, questa mozione spirituale, ci farà arrivare alla perfetta pienezza di Cristo, secondo quanto dice l'Apostolo: «Perché siate ricolmi di tutta la pienezza del Cristo» (Ef 3, 19). (Autore spirituale del secolo quarto)

Indice

Printed by Books on Demand GmbH, Norderstedt / Germany